O. Henry's Short Stories

오 헨리 단편집

오 헨리 단편집

First edition: September 2010

TEL (02)2000-0515 ㅣ FAX (02)2271-0172

ISBN 978-89-17-23776-4

YBM Reading Library 는...

쉬운 영어로 문학 작품을 즐기면서 영어 실력을 크게 향상시킬 수 있도록 개발된 독해력 완성 프로젝트입니다. 전 세계 어린이와 청소년들에게 재미와 감동을 주는 세계의 명작을 이제 영어로 읽으세요. 원작에 보다 가까이 다가가는 재미와 명작의 깊이를 느낄 수 있을 거예요.

350 단어에서 1800 단어까지 6단계로 나누어져 있어 초·중·고 어느 수준에서나 자신이 좋아하는 스토리를 골라 읽을 수 있고, 눈에 쉽게 들어오는 기본 문장을 바탕으로 활용도가 높고 세련된 영어 표현을 구사하기 때문에 쉽게 읽으면서 영어의 맛을 느낄 수 있습니다. 상세한 해설과 흥미로운 학습 정보, 퀴즈 등이 곳곳에 숨어 있어 학습 효과를 더욱 높일 수 있습니다.

이야기의 분위기를 멋지게 재현해 주는 삽화를 보면서 재미있는 이야기를 읽고, 전문 성우들의 박진감 있는 연기로 스토리를 반복해서 듣다 보면 리스닝 실력까지 크게 향상됩니다.

세계의 명작을 읽는 재미와 영어 실력 완성의 기쁨을 마음껏 맛보고 싶다면, YBM Reading Library와 함께 지금 출발하세요!

YBM Reading Library

책을 읽기 전에 가볍게 워밍업을 한 다음, 재미있게 스토리를 읽고, 다 읽고 난 후 주요 구문과 리스닝까지 꼭꼭 다지는 3단계 리딩 전략! YBM Reading Library, 이렇게 활용 하세요.

Before the Story

People in the Story

스토리에 들어가기 전,
등장인물과 만나며 이야기의
분위기를 느껴 보세요~

In the Story

★ 스토리

재미있는 스토리를 읽어요. 잘 모른다고
멈추지 마세요. 한 페이지, 또는 한 chapter를
끝까지 읽으면서 흐름을 파악하세요.

★★ 단어 및 구문 설명

어려운 단어나 문장을 마주쳤을 때,
그 뜻이 알고 싶다면 여기를 보세요.
나중에 꼭 외우는 것은 기본이죠.

Then she put on her old brown jacket and hat. She ran quickly down the stairs and into the street.

Della stopped at a sign that read: "Madame Sofronie — Hair Goods of All Kinds."

She hurried up the stairs, and stopped on the landing to catch her breath. Madame Sofronie, who [1] was large, pale and unfriendly, came out to meet her.

"Will you buy my hair?" asked Della.

"I buy hair. Take off your hat and let me see it."

Down, down, down, fell Della's beautiful, long, brown hair.

Madame lifted the mass of hair with her hands and said, "Twenty dollars."

"Give it to me quick," said Della.

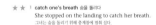

★★★ ❷ Madame Sofronie offered
L ____ dollars for Della's ha[ ]

★★ [1] catch one's breath 숨을 돌리다
She stopped on the landing to catch her breath.
그녀는 숨을 돌리기 위해 층계참에 멈춰 섰다.

☐ read ―라고 쓰여 있다
☐ hair goods 가발용품
☐ kind 종류
☐ landing 층계참
☐ take off 벗다 (↔ put on)
☐ lift 들어 올리다
☐ mass of hair 머리채
☐ quick 빨리

56 • The Gift of the Magi

★★★ 돌발 퀴즈

스토리를 잘 파악하고
있는지 궁금하면 돌발 퀴즈로
잠깐 확인해 보세요.

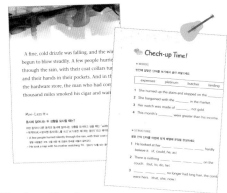

Mini-Lesson
너무나 중요해서 그냥 지나칠 수 없는
알짜 구문은 별도로 깊이 있게 배워요.

Check-up Time!
한 chapter를 다 읽은 후 어휘, 구문,
summary까지 확실하게 다져요.

Focus on Background
작품 뒤에 숨겨져 있는 흥미로운 이야기를
읽으세요. 상식까지 풍부해집니다.

After the Story

Reading X-File 이야기 속에 등장했던
주요 구문을 재미있는 설명과 함께 다시 한번~

Listening X-File 영어 발음과 리스닝 실력을 함께
다져 주는 중요한 발음법칙을 살펴봐요.

MP3 Files
www.ybmbooksam.com에서 다운로드 하세요!

YBM Reading Library
이제 아름다운 이야기가
시작됩니다

About O. Henry & His Short Stories 8

The Last Leaf

_ Before the Story

People in the Story 12

_ In the Story

Chapter 1

The Colony 14

Check-up Time 28

Chapter 2

Mr. Behrman's Masterpiece 30

Check-up Time 44

Focus on Background 46

The Gift of the Magi

_ In the Story

The Gift of the Magi 50

Check-up Time 70

After Twenty Years

_ In the Story

After Twenty Years 74

Check-up Time 90

The Mammon and the Archer

_ Before the Story

People in the Story 94

_ In the Story

Chapter 1

You Are a Gentleman, Son! 96

Check-up Time 110

Chapter 2

Mammon or Cupid? 112

Check-up Time 122

_ After the Story

Reading X-File 이야기가 있는 구문 독해 126

Listening X-File 공개 리스닝 비밀 파일 130

Story in Korean 우리 글로 다시 읽기 134

O. Henry (1862 ~ 1910)

오 헨리는 …

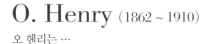

미국 노스캐롤라이나 주에서 태어났으며 본명은 윌리엄 시드니 포터(William Sydney Porter) 다. 세 살 때 어머니를 여의고 조모의 집에 살 던 그는 스무 살에 텍사스 주로 가서 카우보이, 점원, 직공을 거쳐 은행원으로 일했으나 1882 년, 은행 돈을 횡령한 혐의로 고소당한 후 도피 끝에 체포되었다. 사건의 진상이 명확히 밝혀지지 않은 이 사건으로 3년을 복역한 그는 감옥에서의 체험 을 바탕으로 단편소설을 집필하기 시작하였다.

1902년 뉴욕에서 본격적인 작가 생활에 들어간 오 헨리는 소설집 〈캐비지 와 왕(Cabbages and Kings)〉, 〈400만(The Four Million)〉을 시작으로, 소설 〈서부의 마음(Heart of the West)〉 등을 발표하였다. 주로 미국 남부 나 뉴욕을 배경으로 하여 서민들의 애환을 치밀하고 정감있게 그려냈던 그 는 불과 10년 남짓한 집필 기간 동안 300편에 가까운 단편소설을 완성한 놀라운 창작욕의 소유자이기도 하였다.

자신의 트레이드 마크가 되다시피 한 예상을 뒤엎는 결말과 반전으로 독자 에게 즐거움과 감동을 선사하는 작가 오 헨리는 가장 미국적인 삶을 휴머니 즘과 함께 작품에 구현한 작가라는 평가를 받고 있다.

The Last Leaf

〈마지막 잎새〉는 폐렴에 걸려 절망에 빠졌던 한 여성이 모진 바람을 이겨 낸 마지막 잎을 보고 병을 이기게 된다는 이야기로, 그 잎은 한 무명 노화가 의 필생의 걸작임이 밝혀지며 독자에게 뜨거운 감동을 선사한다.

The Gift of the Magi

〈현자의 선물〉은 사랑하는 이를 위해 자신의 소중한 것을 포기하는 가난 한 젊은 부부의 이야기로, 상대를 위해 자신을 희생하는 사랑이 아기 예수 께 드린 동방박사의 선물처럼 지혜롭고 세상 값진 것임을 보여준다.

After Twenty Years

〈이십 년 후〉는 이십 년 후 다시 만나기로 한 두 친구 밥과 지미가 범죄자 와 경찰관이 되어 재회하게 되는 이야기로, 시간이 가져온 인간의 변화를 오 헨리 특유의 반전 기법을 사용하여 치밀하게 묘사한 작품이다.

The Mammon and the Archer

〈재물의 신과 사랑의 사수〉는 돈으로 많은 것을 해 결할 수 있다고 믿는 부자 아버지와 이에 반대하 는 아들의 이야기로, 아들이 사랑하는 여인에게 진심 어린 마음을 보여 줄 시간을 마련해 주기 위해 재물의 힘을 빌리는 아버지를 통해 돈의 진 정한 가치를 되새겨 보게 하고 있다.

a Beautiful Invitation
– YBM Reading Library

The Last Leaf

O. Henry

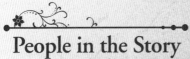

People in the Story

마지막 잎새에 등장하는 인물들을 살펴볼까요?

Sue

친구와 함께 그리니치 빌리지에
사는 화가. 폐렴에 걸려 생을
포기하려는 친구가 살겠다는
의지를 가질 수 있도록 설득하며
정성으로 보살핀다.

Old Mr. Behrman

수와 조애너의 아래층에 사는 가난한 늙은
화가. 조애너를 위해 처음이자 마지막
걸작을 남기고 폐렴으로 세상을 떠난다.

Joanna

폐렴에 걸린 화가. 생을 포기할
생각을 하지만, 비바람에 버티는
마지막 잎을 보고 다시 살겠다는
희망을 가진다.

Doctor

조애너를 진찰한 의사. 수에게 조애너의
병세를 말해주며, 그녀가 삶의 희망을
가질 수 있도록 북돋우라고 조언한다.

CHAPTER 1

The Colony

예술촌 사람들

There is a little area west of Washington Square called "Greenwich Village." The streets there are crazy, and break up into small parts. They are called [1] "places." These "places" have strange angles and curves. One street even crosses itself twice!

Artists came to live in Greenwich Village because of the low rents. But the old-fashioned buildings with large windows and old attics also attracted them. The group of artists became known as a "colony."

At the top of a low, three-story brick building, Sue [2] and Joanna had their studio. Sue was from Maine, and Joanna from California. They met at an Italian restaurant and found their tastes in art, food and clothes were very similar. So they decided to live together.

□ colony …인(人)촌, (동종업자들의) 취락
□ angle 각도
□ cross oneself twice 같은 장소를 2번 지나다
□ taste in …에 대한 취향
□ rent 집세

□ old-fashioned 복고풍의
□ attic 다락방
□ attract 끌어당기다
□ become known as …로 알려지게 되다
□ studio (화가) 화실, 작업실
□ similar 유사한

1 **break up into** …로 갈라지다
The streets there are crazy, and break up into small parts.
이 일대는 길이 어지럽게 뻗어, 작은 단위로 쪼개져 있다.

2 **three-story brick building** 3층 벽돌 건물
At the top of a low, three-story brick building, Sue and Joanna had their studio. 나지막한 3층 벽돌 건물의 꼭대기에는 수와 조애너의 화실이 있었다.

That was in May. However, in November, a cold, unseen stranger, visited the "colony." Doctors called him "Pneumonia." He touched a good number of [1] artists including Joanna, with his sick, icy fingers.

Poor Joanna lay quietly, in her painted iron bed. She could do nothing but look through the window [2] at the wall of the neighbor's brick house.

One morning, a busy doctor examined Joanna and took her temperature. Then he went into the hallway and talked to Sue.

? Who caught pneumonia?
L a. Sue   b. Joanna   c. stranger

요답 q

---

1 a good number of 매우 많은
He touched a good number of artists including Joanna with his sick, icy fingers. 이 이방인은 얼음같이 차가운 병든 손가락을 조애너를 비롯한 많은 예술가들에게 갖다 대었다.

2 can do nothing but + 동사원형 …하기만 할 뿐이다, …외에는 아무것도 할 수 없다
She could do nothing but look through the window at the wall of the neighbor's brick house.
그녀는 창 너머로 보이는 벽돌로 된 이웃집 건물벽을 바라보기만 할 뿐이었다.

☐ **unseen** 눈에 보이지 않는
☐ **pneumonia** 폐렴
☐ **including** …을 포함하여
☐ **icy** (얼음처럼) 차가운
☐ **iron bed** 철제 침대
☐ **brick house** 벽돌 집
☐ **examine** 진찰하다
☐ **take one's temperature** …의 체온을 재다
☐ **hallway** 복도

"She has one chance in ten of living," said the doctor, raising his shaggy, gray eyebrows.

Then he shook his thermometer, and continued, "But she must want to live. I think your friend has made up her mind that she's not going to get better. [1] Does she think about anything special?"

"She wants to paint the Bay of Naples some day," said Sue.

"Paint? Nonsense! Does she have anything more important in her life? Like a man, for instance?"

"A man?" said Sue, angrily. "Is a man worth ...? No, Doctor, there is no man."

□ shaggy 털이 덥수룩한
□ eyebrow 눈썹
□ thermometer 체온계
□ get better 회복되다, 호전되다
□ bay (바다·호수의) 만

□ for instance 예를 들어
□ patient 환자
□ give up 포기하다
□ medicine 약
□ instead of …대신에

---

1 **make up one's mind that** …하기로 생각을 굳히다
I think your friend has made up her mind that she's not going to get better. 아가씨 친구분은 자신이 회복되지 않을 것 같다고 생각을 굳힌 것 같군요.

2 **get + 목적어(A) + to + 동사원형(B)** A가 B하도록 하다
Try and get her to talk about something.
그녀가 뭔가 이야기를 하도록 아가씨가 노력해 봐요.

"Well, that's the problem, then," said the doctor. "I'll do everything I can for her. But when a patient gives up, the medicine loses half its power. Try and get her to talk about something. Like the new winter[2] styles in coats, perhaps. Then, I will promise you a one-in-five chance for her, instead of one in ten."[3]

- □ workroom 작업실, 공방
- □ fall to bits 조각조각이 나다
  (fall-fell-fallen)
- □ skip 깡충깡충 뛰다
  (skip-skipped-skipped)
- □ drawing board 화판
- □ whistle …을 휘파람으로 불다
- □ tune 곡

- □ lie still 가만히 누워 있다 (lie-lay-lain)
- □ bedclothes 이부자리 (침대시트와
  커버)
- □ riding trousers 승마 바지
- □ bedside 침대 옆
- □ wide open (눈이) 크게 벌어진,
  휘둥그레진
- □ count backward 거꾸로 세다

After the doctor had gone, Sue went into her
workroom and cried. In fact, she cried so much that
her tissues fell to bits. Then she skipped into [1]
Joanna's room with her drawing board, whistling a
merry tune.

Joanna lay very still under the bedclothes. Her face
was turned toward the window. Sue thought Joanna
was asleep, so she stopped whistling. Then, she
began a sketch of an Idaho cowboy wearing a pair of [2]
elegant riding trousers. Suddenly she heard a low
sound repeated several times.

She hurried to Joanna's bedside. Her friend's eyes
were wide open. She was looking out the window
and counting slowly backward.

"Twelve," she said. Then, "eleven," and then "ten,"
and "nine" and "eight" and "seven."

---

[1] **so ... that ~** 너무나 …하여 ~하다
In fact, she cried so much that her tissues fell to bits.
사실 그녀는 너무나 많이 울어 티슈가 조각조각이 났다.

[2] **a pair of** 한 벌의
She began a sketch of an Idaho cowboy wearing a pair of elegant
riding trousers.
그녀는 멋진 승마 바지를 입은 아이다호 카우보이의 스케치를 하기 시작했다.

Sue looked out the window. What was Joanna counting? The only thing she could see was the brick house six meters away. It had an ugly, old ivy vine climbing half way up its wall. The cold autumn air had stripped the leaves from the vine. Now, only [1] its almost bare branches clung to the crumbling bricks.

"What is it, dear?" asked Sue.

"Six," whispered Joanna. "They're falling faster now. Three days ago there were almost a hundred. I got a headache counting them. But now it's easy. There [2] ☀ goes another one. There are only five left now."

□ ivy vine 담쟁이덩굴
□ half way up …을 반쯤 올라간
□ bare 앙상한, 헐벗은

□ cling to …에 달라붙다
　(cling-clung-clung)
□ crumbling 허물어져 가는

"Five what, Joanna? Tell me."

"Leaves. On the ivy vine. I know that I will die
when the last leaf falls."

1 **strip A from B**   B에게서 A를 빼앗다〔떼어 내다〕
  The cold autumn air had stripped the leaves from the vine.
  찬 가을 바람이 덩굴에게서 잎들을 떼어 내었다.

2 **get a headache ...ing**   …하느라 머리가 아플 지경이다
  I got a headache counting them.
  저 잎들을 세느라고 머리가 아플 지경이었어.

Mini-Less ☀ n

There : 저것 봐, 자, 이봐

There goes another one.(저것 봐, 또 하나 떨어진다.)에서 There는
'저것 봐, 자, 이봐'라는 뜻으로 상대방의 주의를 끌기 위해 쓴 말이에요. 이때 주의할 점은
There 뒤에 대명사가 올 경우「There + 대명사 + 동사」의 순서가 된다는 점이랍니다.

• There he goes! 저봐, 그가 가는데!
• There comes a bus! 이봐, 버스가 오는데!

□ nonsense 헛소리
□ complain 투덜거리다
□ get well 병이 나아지다
□ silly 어리석은; 쓸데없는
□ chances of …할 가능성〔승산〕

□ ten to one 십중팔구, 거의 틀림없이
□ drawing 그림
□ magazine 잡지
□ porkchop 돼지고기 토막

"Oh, I've never heard such nonsense!" complained Sue. "What do old ivy leaves have to do with your [1] getting well? You used to love that vine, you silly [2] girl. Now, what did the doctor tell me this morning? Oh yes, he said that your chances of getting better were ten to one! Now, try some soup, and let me get back to my drawing. I need to sell it to the magazine, [3] so I can buy some wine for you, and porkchops for me."

"You don't need to get any more wine," said Joanna sadly, as she looked out the window. "And, I don't want any soup. Look, there goes another one. Now there's only four. I want to see the last one fall before it gets dark. Then I'll go, too."

---

1 **A have to do with B** A는 B와 상관이〔관계가〕 있다
  What do old ivy leaves have to do with your getting well?
  저 늙은 담쟁이덩굴이 네 병이 낫는 것과 무슨 상관이 있니?

2 **used to + 동사원형** (과거의 계속적 상태) 전에는 …했다
  You used to love that vine, you silly girl.
  너 전에는 저 덩굴을 아주 좋아했잖아, 이 바보 같은 아가씨야.

3 **get back to** 다시 …하다, …로 돌아가다
  Now, try some soup, and let me get back to my drawing.
  이제 수프를 좀 먹도록 해, 그리고 내가 그리던 그림을 다시 그릴 수 있게 해 줘.

"Joanna, dear," said Sue, bending over her, "will you promise me to keep your eyes closed, and not look out the window until my work is finished? I must hand these drawings in by tomorrow."

"Couldn't you draw in the other room?" asked Joanna, coldly.

"I'd rather be here with you," said Sue. "Besides, I [1] don't want you to keep looking at those silly ivy [2] leaves."

"Tell me as soon as you are finished," said Joanna.

Her face was white as she closed her eyes. She lay as still as a fallen statue. [3]

"I want to see the last one fall," she whispered. "I'm tired of waiting. I'm tired of thinking. I want to let go of everything, and go sailing down, down, down, just like one of those poor, tired leaves."

"Try to sleep," said Sue. "I must call Mr. Behrman up here. I want him to be my model for the drawing of the old miner. I won't be long. Don't try to move until I come back, Joanna."

---

1 **would ('d) rather + 동사원형** (차라리) …하고 싶다
I'd rather be here with you. 여기 네 곁에 있고 싶어.

2 **keep ...ing** 계속 …하다

I don't want you to keep looking at those silly ivy leaves.
네가 저 쓸데없는 잎들을 계속 보는 것도 싫어.

3 **lie as still as a fallen statue** 쓰러진 석상처럼 꼼짝 않고 누워 있다

She lay as still as a fallen statue.
그녀는 쓰러진 석상처럼 꼼짝 않고 누워 있었다.

☐ bend over …위로 몸을 굽히다
☐ hand ... in …을 제출하다
☐ coldly 차갑게
☐ besides 게다가

☐ as soon as …하자마자
☐ be tired of …에 지치다
☐ let go of …을 놓아 버리다
☐ miner 광부

Check-up Time!

● **WORDS**

퍼즐의 빈칸에 들어갈 알맞은 철자를 써서 단어를 완성하세요.

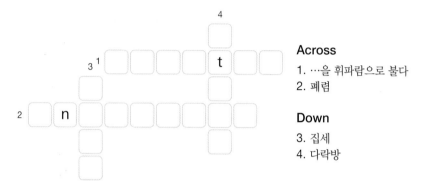

Across
1. …을 휘파람으로 불다
2. 폐렴

Down
3. 집세
4. 다락방

● **STRUCTURE**

알맞은 전치사를 보기에서 골라 문장을 완성하세요.

with	in	to	as

1 She lay as still _____ a fallen statue.

2 She cried so much that her tissues fell _____ bits.

3 They found their tastes _____ art were very similar.

4 What do old ivy leaves have to do _____ your getting well?

이야기의 흐름에 맞게 순서를 정하세요.

a. Sue began a sketch of an Idaho cowboy.

b. The doctor went into the hallway and talked to Sue.

c. "I want to let go of everything," whispered Joanna.

d. Sue went into her workroom and cried.

(   ) → (   ) → (   ) → (   )

● SUMMARY

빈칸에 맞는 말을 골라 이야기를 완성하세요.

In May Joanna and Sue met and decided to live together in (   ). But in (   ) Joanna caught pneumonia and lay quietly in her bed. The doctor examined Joanna. He told Sue that Joanna must want to live. If not, she would have little (   ) of living. Sue returned to Joanna's room and was drawing a sketch to sell to the magazine. Then she heard Joanna counting the old ivy (   ) and saying that she would die when the last one fell.

a. November

b. chance

c. leaves

d. Greenwich Village

CHAPTER 2

Mr. Behrman's Masterpiece

버먼 씨의 걸작

Old Mr. Behrman was a painter who lived on the ground floor of their building. He was past sixty, and had a long, curly beard. Behrman was a failure in art. He had painted for forty years, and he was always saying that he was about to paint a masterpiece. But [1] he never did! For several years he had only painted advertisements. He earned a little by posing for the young artists in the "colony" who could not pay for a professional model. He drank a lot of gin*, and still talked of his future masterpiece. Everyone thought he was a fierce and tough old man. But he thought of himself as Joanna and Sue's protector. [2] 토닉, 워터나 과일 주스를 섞어 마시는 독한 술이랍니다.

Behrman smelled strongly of gin when Sue found him. In one corner of his dimly lit den was a blank ☀

□ masterpiece 걸작
□ ground floor 건물의 1층
□ failure in ⋯의 실패자
□ fierce 사나운, 거친
□ tough 고집센
□ protector 보호자

□ smell strongly of ⋯냄새를 심하게 풍기다
□ dimly lit 어두침침한
□ den 골방
□ blank 텅 빈

canvas on an easel. It was to be used for his great
masterpiece. But the canvas had been waiting there,
gathering dust, for twenty-five years!

1 **be about to + 동사원형** 이제 막 …하려 하다
He was always saying that he was about to paint a masterpiece.
그는 항상 이제 막 대작을 그리려 한다고 말했다.

2 **think of oneself as** 자신을 …로 자처하다
He thought of himself as Joanna and Sue's protector.
그는 자신을 조애너와 수의 보호자로 자처했다.

Mini-Less☀n

도치: 장소를 나타내는 부사구＋동사＋주어

In one corner of his dimly lit den was a blank canvas on an easel.
'어두침침한 골방 한 구석에는 텅 빈 캔버스가 이젤 위에 세워져 있었다.'는 주어(a blank ~ an
easel)와 동사(was)의 위치가 바뀌었는데요, 이는 장소를 나타내는 부사구(in one ~ lit den)을
강조하기 위해 문장 맨 앞에 두었기 때문이랍니다.

• Behind him walked a huge man. 그 뒤에는 몸집이 큰 사내가 걸어갔다.

Sue told him of Joanna's belief about the leaves.
She also told him she was frightened that Joanna
would actually float away like one of those leaves.

Behrman's eyes were red, and tears flowed down
his old face.

"What!" he cried. "Are there people in this world
who foolishly believe they will die because leaves
drop off an old vine? I have never heard of such a
thing. No, I will not pose as your old miner. Why
do you allow her to think of such foolish things? [1]
Oh, poor little Joanna."

"She is very ill and fragile," said Sue, "and the fever has filled her mind with strange ideas. Mr. Behrman, [2] if you don't wish to pose for me, you needn't. But I think you are a horrid and thoughtless person!"

"You are a typical woman!" yelled Behrman. "Who said I wouldn't pose? I've been ready for half an hour. God! What a horrible place for someone as sweet as Miss Joanna to be sick! Some day I will [3] paint my masterpiece, and then we will go away together. God!"

- ☐ be frightened + (that) 절 …할까 두렵다
- ☐ float away 둥실 떠나가 버리다
- ☐ flow down …을 타고 흘러내리다
- ☐ pose as …로 포즈를 취하다

- ☐ fragile (몸이) 쇠약한
- ☐ horrid 아주 싫은, 지독한
- ☐ thoughtless 생각이 모자라는, 경솔한
- ☐ typical 전형적인

---

1 **allow + 목적어(A) + to + 동사원형(B)** A가 B하도록 내버려 두다
Why do you allow her to think of such foolish things?
왜 아가씨는 조애너가 그런 어리석은 생각을 하도록 내버려 두고 있지?

2 **fill A with B** A에 B가 가득 차다
The fever has filled her mind with strange ideas.
열이 높아서 머리 속에 괴상한 생각만 가득 차게 되었나 봐요.

3 **What a horrible place for + 목적어(A) + to + 동사원형(B)!**
A가 B하기에는 너무나 지독한 곳이다!
What a horrible place for someone as sweet as Miss Joanna to be sick! 여기는 조애너와 같은 착한 아가씨가 병들어 누워 있기에는 너무나 지독한 곳이지!

□ window shade 차양
□ cut out 차단하다
□ nervously 초조하게
□ stare at …을 유심히 쳐다보다

□ dull 힘없는
□ drawn (커튼 등이) 처진
□ patiently 마지못해, 참을성 있게
□ obey 말에 따르다, 순종하다

Joanna was sleeping when they went upstairs. Sue pulled the window shade down to cut out the light, [1] and led Behrman into the other room. [2]

They looked nervously out the window at the ivy vine. Cold rain and snow were falling outside. They looked at each other for a moment without speaking. Then, Behrman posed in his old blue shirt, as the old miner, while Sue quickly drew him.

Next morning, when Sue woke up, she found Joanna staring with dull, wide-open eyes at the drawn window shade.

"Pull it up, Sue, I want to see the ivy," she whispered.

Sue patiently obeyed.

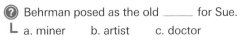 Behrman posed as the old _____ for Sue.
  a. miner   b. artist   c. doctor

---

1 **pull ... down** …을 내리다 (↔ pull ... up)
   Sue pulled the window shade down to cut out the light.
   수는 빛을 차단하기 위해 창문의 차양을 내렸다.

2 **lead A into B** A를 B 안으로 이끌다
   Sue led Behrman into the other room.
   수는 버먼 씨를 다른 방 안으로 이끌었다.

But an amazing sight was waiting for them. After the driving rain and fierce gusts of wind during the night, one ivy leaf still remained on the vine! It was dark green near its stem, but its edges were light yellow. The single leaf hung bravely from a branch, six meters above the ground.

"It's the last one," said Joanna. "I heard the wind, and was sure it would fall during the night. It will fall today, and when it does, I will die too."

"Dear Joanna!" said Sue, laying her tired face down on the pillow. "Think of me, if you won't think of [1] yourself. What would I do without you?"

But Joanna did not answer. The loneliest time of all is when a soul is ready to take that mysterious journey out of this world. Now, Joanna's ties to her friends and Earth were coming loose. [2]

---

[1] **lay one's face down on the pillow** 얼굴을 베개에 처박다
"Dear Joanna!" said Sue, laying her tired face down on the pillow.
"사랑하는 조애너!" 수가 지친 얼굴을 베개에 처박으며 말했다.

[2] **come loose** 느슨해지다, 풀리다
Now, Joanna's ties to her friends and Earth were coming loose.
이제 조애너를 그녀의 친구와 지상에 묶어 주었던 끈이 풀리고 있었다.

□ amazing sight 놀라운 광경
□ driving rain 휘몰아치는 비
□ a gust of wind 휙 몰아치는 바람
□ stem 줄기
□ edge 가장자리

□ light yellow 연한 노란 빛의
□ hang from …에 매달리다
  (hang-hung-hung)
□ pillow 베개
□ ties 끈, 연대, 인연

The day went by. Through the twilight they could see the lonely ivy leaf clinging to its stem against the wall. As night fell, the north wind blew strongly, and the rain beat loudly against the windows.

The next morning, when it was light enough, Joanna asked Sue to raise the window shade.

The ivy leaf was still there!

Joanna lay for a long time looking at it. And then she called to Sue, who was stirring her chicken soup over the gas stove.

□ go by （시간이）지나가다
□ twilight 황혼, 어스름
□ beat against …에 거세게 부딪치다
□ call to （큰 소리로）…을 부르다

□ stir 휘젓다 (stir-stirred-stirred)
□ wicked 나쁜
□ sit up 바로 앉았다

"I've been a bad girl, Sue," said Joanna. "Something has made that last leaf stay there to show me how wicked I am. It is a sin to want to die. You may bring [1] me a little soup now, and some milk with a little wine in it. No, bring me a small mirror first, and then pack some pillows about me. I will sit up and watch you [2] cook."

An hour later she said, "Sue, some day I hope to paint the Bay of Naples."

---

[1] **It is a sin to + 동사원형** ···하는 것은 죄악이다
It is a sin to want to die. 죽고 싶어하는 것은 죄악이야.

[2] **pack A about B** A로 B를 받치다
Then pack some pillows about me. 그리고 나서 베개로 나를 좀 받쳐 줘.

The doctor came in the afternoon. Sue followed him into the hallway as he left.

"Even chances," said the doctor, taking Sue's thin, shaking hand in his. "With good nursing you'll win. And now I must see another patient I have downstairs. Behrman, his name is. Some kind of an artist, I believe. Pneumonia has struck him down, too. [1] He's a weak, old man, and very, very ill. There is no hope for him, but I am sending him to the hospital today where he will be more comfortable."

- □ follow A into B A를 따라 B로 가다
- □ even (수, 양이) 같은
- □ nursing 간호
- □ comfortable 편안한
- □ out of danger 위험에서 벗어난
- □ care 보살핌

1 **strike ... down** (병이) …을 덮치다, 쓰러뜨리다
  Pneumonia has struck him down, too.
  폐렴이 그 노인도 덮쳤소.

Mini-Less :⬤: n

See p.126

If 절을 대신하는 전치사구

뜻 자체에 이미 조건·가정의 의미가 들어 있는 with(…가 있다면), without (but for)(…가 없다면) 등이 이끄는 전치사구는 if절을 대신할 수 있답니다.

- With good nursing you'll win. 간호만 잘 해 준다면, 당신의 승리가 되겠소.
- But for(Without) your help the project would not be a success.
  당신의 도움이 없었다면, 그 프로젝트는 성공작이 되지 못했을 겁니다.

The next day the doctor said to Sue, "You've won.
Joanna is out of danger. Good food and care, that's
all she needs now."

That afternoon, Joanna was lying in her bed happily knitting a blue scarf. Sue sat beside Joanna and put her arm around her shoulders.

"I have something to tell you," she said, softly. "Old Mr. Behrman died in hospital today. He was sick with pneumonia for only two days. The janitor found him in his room on the morning of the first day. He was helpless and in great pain. His shoes and clothing were wet through and he was icy cold. They couldn't imagine where he had been on such a dreadful night. Then they found a lantern and a [1] ladder leaning against the neighbor's brick wall. Beside it, they found some brushes, and a palette with green and yellow colors on it. Look out the window, dear Joanna. See the last ivy leaf on the wall. Didn't you wonder why it never fluttered or moved when the wind blew? That is Mr. Behrman's masterpiece! He painted it there on the night that the last leaf fell."

---

[1] such a + 형용사(A) + 명사(B) 그토록 A한 B
They couldn't imagine where he had been on such a dreadful night. 그토록 험한 밤에 그가 어디를 다녀왔는지 짐작조차 안 되었어.

- knit (실로 옷 등)을 짜다
- janitor 관리인, 수위
- helpless 무력한, 가망이 없는
- in great pain 증상이 심한, 몹시 괴로워하는
- wet through 흠뻑 젖은
- dreadful 험한, 끔찍한
- lantern 손전등
- ladder 사다리
- lean against …에 세워지다[기대다]
- flutter 펄럭거리다

 Check-up Time!

● **WORDS**

다음 단어와 단어의 뜻을 서로 연결하세요.

1 dreadful ·

· a. equal in amount, number, or extent

2 fragile ·

· b. extremely unpleasant, harmful, or serious in its effects

3 even ·

· c. having most of the characteristics shared by others of the same kind

4 typical ·

· d. physically weak, usually as a result of illness

● **STRUCTURE**

알맞은 단어를 골라 문장을 완성하세요.

1 Pneumonia struck the man (up, down), too.

2 (With, Without) your help, I couldn't come home safely.

3 You can't imagine how it was (such, so) a great party.

4 He thinks (of, with) himself as Claire's lover.

● COMPREHENSION

다음은 누가 한 말일까요? 기호를 써넣으세요.

a.

Sue

b.

Doctor

c.

Joanna

1 "With good nursing, you'll win." ＿＿＿

2 "Some day, I hope to paint the Bay of Naples." ＿＿＿

3 "Think of me if you won't think of yourself." ＿＿＿

● SUMMARY

빈칸에 맞는 말을 골라 이야기를 완성하세요.

Sue met Old Mr. Behrman and talked about Joanna. He got (　　) and said that Joanna was thinking of (　　) things. The next morning after the rain and fierce wind, Sue and Joanna found one ivy leaf still (　　) to its stem. Joanna decided that she wanted to live. The following day, Sue told Joanna that Mr. Behrman had (　　) and he had painted the last leaf on the brick wall.

a. foolish　　　b. angry　　　c. died　　　d. clinging

New York's Famous 뉴욕의 명소 워싱턴 광장
Washington Square

At the end (or the beginning) of Fifth Avenue, in New York, is Washington Square Park. It is one of the best-known of New York City's 1,900 public parks, and covers approximately 9.75 acres (39,500 m²). The park is a landmark in the Manhattan neighborhood of Greenwich Village, as well as a meeting place and cultural activity center.

The two prominent features of the park are Washington's Arch and a large fountain. At the northern end, stands Washington Square Arch. It is 77 feet high, and marks the centennial of the inauguration of the first President of the U.S.A., George Washington. In the center of the park is the fountain. For many years it has been one of the city's most popular spots for residents and tourists. All year round you will find street entertainers gathering around the center fountain. They create a carnival atmosphere to amuse everyone, including tourists, dog walkers, musicians, and chess players who use the park.

New York University owns most of the buildings that surround the park. The university uses the Arch as a symbol, and rents the park for its graduation ceremonies. Although NYU considers the park to be part of the school's campus, Washington Square remains a public park.

뉴욕의 5번가가 끝나는, 혹은 시작되는 곳에 워싱턴 광장 공원이 위치하고 있다. 뉴욕 시의 1천9백 개의 공원 중 가장 널리 알려진 공원으로 면적은 약 9.75에이커(3만9천5백 평방 미터)에 이른다. 이 공원은 맨해튼 인근의 그리니치 빌리지의 랜드마크로 만남의 장소와 문화 활동의 중심지 역할을 톡톡히 하고 있다.

공원 내에 가장 두드러진 두 곳은 워싱턴 광장 아치와 분수다. 공원의 북쪽 끝에는 워싱턴 광장 아치가 있다. 높이가 77 피트로, 미국의 초대 대통령 조지 워싱턴의 취임 100주년을 기념해 조성된 것이다. 공원의 중심부에는 분수가 있다. 이곳은 옛날부터 뉴욕 시민이나 관광객들이 즐겨 찾는 곳 중 하나다. 이곳에 가면 거리의 엔터테이너들이 분수의 중심에 모여 있는 것을 일년 내내 목격할 수 있다. 그들은 관광객과 개를 산책시키는 사람들, 음악가들, 체스를 두는 사람들 등을 비롯하여 공원을 이용하는 모든 사람들에게 축제 분위기를 선사한다.

공원을 둘러싸고 있는 건물들 대부분은 뉴욕 유니버시티(NYU) 소속이다. NYU는 워싱턴 광장 아치를 자신들의 상징물로 이용하고 있으며, 졸업식에는 공원을 빌리기도 한다. NYU는 공원을 캠퍼스의 일부분으로 생각하지만, 워싱턴 광장은 일반인들의 공원으로 존재하고 있다.

a Beautiful Invitation
– YBM Reading Library

The Gift of the Magi

O. Henry

The Gift of the Magi

현자의 선물

One dollar and eighty-seven cents! That was all. And sixty cents of it was in pennies. Della saved the pennies, one or two at a time, by bargaining with the vegetable seller and the butcher.

Three times Della counted it. Each time it came to one dollar and eighty-seven cents. And tomorrow it would be Christmas!

There was nothing to do but lie down on the [1] shabby little couch and cry. So Della did just that. It seems that life is full of sobs, sniffles, and smiles — but mainly sniffles!

Della lived in New York City. She paid $8 rent per week for her furnished apartment. It was cheap, and it looked cheap.

In the entrance hall below, there was a letterbox.

On it was a card with the name, "Mr. James Dillingham Young."

In the past he earned $30 per week. Now, his income was only $20. So he was thinking of replacing "Dillingham" with a simple "D." But [2] whenever Mr. James Dillingham Young came home, his loving wife, Della, would call him "Jim" and [3] hug him. And that felt very good.

★ 보통 부자들은 full name을 쓰기 때문에 James는 줄어든 수입처럼 자신의 이름도 줄일 생각을 하는 거예요.

---

1 **There is nothing to do but** …외에 할 일이 없다
There was nothing to do but lie down on the shabby little couch and cry. 낡고 작은 소파에 드러누워 우는 것 외에는 할 일이 없었다.

2 **replace A with B** A를 B로 바꾸다 (대신하다)
So he was thinking of replacing "Dillingham" with a simple "D."
그래서 그는 '딜링험'을 간결한 'D'로 바꿔 볼까 생각 중이다.

3 **would + 동사원형** (과거의 습관) …하곤 했다
His loving wife, Della, would call him "Jim" and hug him.
그의 아내 델라는 그를 '짐'이라고 부르며 포옹하곤 했다.

☐ Magi 황금, 유향, 몰약 등의 선물을 갖고 아기 예수를 경배한 동방의 세 박사. 여기서는 '현자들'을 의미
☐ in pennies 동전으로
  cf. penny 1센트 동전
☐ at a time 한 번에
☐ bargain with …와 값을 흥정하다
☐ butcher 정육점 주인
☐ come to (금액이) …가 되다
☐ shabby 낡은, 해진

☐ couch 긴 의자, 소파
☐ sob 흐느낌
☐ sniffle 훌쩍거림
☐ mainly 주로
☐ per week 일주일에(= a week)
☐ furnished 가구가 딸린
☐ entrance hall 현관
☐ income 수입
☐ simple 간결한, 수수한
☐ hug 껴안다

Della finished crying and patted her cheeks dry with a tissue. She stood and silently looked out of [1] the window. A gray cat was walking along a gray fence in a gray backyard. Tomorrow would be Christmas Day, and she had only $1.87 to buy Jim a present.

She had been saving every spare penny for months, and that was all she had. Twenty dollars a week doesn't go far. Expenses had been greater than she had expected. They always are. Only $1.87 to buy a present for Jim. Her Jim.

She had spent many hours thinking about a present for him. She wanted it to be something fine and rare, something that was good enough to be owned by Jim.

- ☐ fence 담장
- ☐ present 선물
- ☐ save 저축하다
- ☐ spare 여분의
- ☐ go far 오래 가다, 쓸 것이 있다

- ☐ expenses 생활비, 지출 비용
- ☐ expect 예상하다, 기대하다
- ☐ rare 귀한, 보기 드문
- ☐ own 소유하다

1 pat A dry with B A를 B로 (가볍게) 두드려 말리다
Della finished crying and patted her cheeks dry with a tissue.
델라는 울음을 그치고 양 뺨을 티슈로 두드려 말렸다.

Mini-Less☀n

spend + 시간 + ...ing: ···하면서 시간을 보내다 (쓰다)

- She had spent many hours thinking about a present for him.
  그녀는 그에게 줄 선물을 생각하며 많은 시간을 보냈다.
- Today Brian spent two hours clearing snow in front of the garage.
  오늘 브라이언은 차고 앞 눈을 치우는 데 두 시간을 썼다.

1 **to one's full length** 길이대로, 끝까지
She quickly removed her hairclips and let her hair fall down
to its full length. 그녀는 재빨리 머리 핀을 풀고 머리카락을 끝까지 늘어뜨렸다.

There was a large, ornamental mirror between the windows of the room. Suddenly Della turned from the window and stood before the mirror. She looked at her slender reflection, shining eyes, and white face. She quickly removed her hairclips and let her hair fall down to its full length. [1]

James Dillingham Young, and his wife, were proud of two things. One was Jim's gold watch that had been his father's and his grandfather's. The other was Della's beautiful, shiny brown hair. It reached to below her knees. And it looked like a cape hanging from her head and shoulders.

Della clipped it up again nervously and quickly. [2] She stopped for a moment. Her tears fell down her face and splashed onto the worn red carpet.

---

2 **clip ... up** …을 핀으로 감아 올리다
Della clipped it up again nervously and quickly.
델라는 초조한 듯 서둘러 자신의 머리를 다시 감아 올렸다.

□ ornamental 장식적인
□ slender 날씬한
□ reflection 비친 모습
□ remove 빼다, 없애다
□ hairclip 머리핀

□ be proud of …을 자랑스러워하다
□ reach to …에 이르다
□ cape 망토
□ splash 튀다, 흩어지다
□ worn 해진, 낡은

Then she put on her old brown jacket and hat. She ran quickly down the stairs and into the street.

Della stopped at a sign that read: "Madame Sofronie — Hair Goods of All Kinds."

She hurried up the stairs, and stopped on the landing to catch her breath. Madame Sofronie, who [1] was large, pale and unfriendly, came out to meet her.

"Will you buy my hair?" asked Della.

"I buy hair. Take off your hat and let me see it."

Down, down, down, fell Della's beautiful, long, brown hair.

Madame lifted the mass of hair with her hands and said, "Twenty dollars."

"Give it to me quick," said Della.

❓ Madame Sofronie offered
L _____ dollars for Della's hair.

정답 twenty

---

1 **catch one's breath** 숨을 돌리다
She stopped on the landing to catch her breath.
그녀는 숨을 돌리기 위해 층계참에 멈춰 섰다.

□ read …라고 쓰여 있다   □ take off 벗다(↔ put on)
□ hair goods 가발용품   □ lift 들어 올리다
□ kind 종류   □ mass of hair 머리채
□ landing 층계참   □ quick 빨리

□ fly by 쏜살같이 지나가다
　(fly-flew-flown)
□ classic 고전적인
□ platinum 백금(의)
□ quietness 평온, 침착

□ description 표현, 묘사
□ pocket watch 회중 시계
□ leather strap 가죽 끈
□ wealthy 부유한
□ check 확인하다

The next two hours flew by as Della searched the stores for Jim's present.

At last she found it. It was the only one she had seen during her search. It must have been made for Jim and no one else. It was a simple but classic platinum chain for his gold watch. Quietness and value, the description applied to Jim and the chain. [1]

Della paid twenty-one dollars for it, and hurried home with the 87 cents. Jim was proud of his pocket watch, but it only had an old leather strap on it. So he didn't like to take it out when he was with wealthy people. But with that chain on his watch, he could check the time whenever he wished.

---

[1] **apply to** ···에 해당되다, 적용되다
Quietness and value, the description applied to Jim and the chain. 차분함과 품격, 이 표현은 짐과 시계줄 양쪽에 해당됐다.

Mini-Less☀n

must have+p.p. : 틀림없이 ···이었다

'틀림없이〔분명〕···이었다, ···한 것이 틀림없다'처럼 과거의 일에 대한 강한 추측을 나타낼 때는 「must have +p.p.」를 쓰면 된답니다.

• It must have been made for Jim and no one else.
  그 시계줄은 다른 누구도 아닌 분명 짐을 위해 만들어진 것이었다.
• The ship must have hit the rocks. 배가 바위에 부딪친 것이 틀림없다.

When Della reached home her excitement turned to anxiety. She worried about what Jim would think [1] about her short hair. So she got out her curling irons to repair the sacrifice she had made for her Jim.

Forty minutes later, her head was covered with tiny curls. They made her look like a young schoolgirl. She took a long look at her reflection in the mirror.

"If Jim doesn't kill me," she said to herself, "he'll say I look like a chorus girl. But what could I do with a dollar and eighty-seven cents?"

뮤지컬의 합창단원이나
소걸을 말하는데요, 사랑들은 보통 품위가 없는
싸구려 이미지로 생각해요.

At 7 o'clock the coffee was made and the frying pan was on the stove. It was hot, and ready to cook the chops. Della held the watch chain in her hand, and sat near the front door to their apartment. Jim was never late, and soon she heard his footstep coming up the stairs.

She turned white, and whispered, "Please God, make him think I am still pretty."

☐ get out 꺼내다
☐ curling iron 고데기, 헤어 아이론
☐ repair (잘못)을 벌충하다
☐ sacrifice 희생; 희생하다
☐ be covered with …로 덮이다

☐ say to oneself 혼자 중얼거리다
☐ stove 조리기, 난로
☐ footstep 발자국 소리
☐ turn white (얼굴이) 하얗게 질리다
☐ fellow (친근하게 부르는 말로) 남자

    The door opened and Jim stepped inside
the apartment. He looked thin and tired. Poor
fellow, he was only twenty-two — and he had a
wife to care for. He needed a new overcoat and he [2]
was without gloves.

1 **turn to** ···로 변하다
   When Della reached home her excitement turned to anxiety.
   델라가 집에 도착하자, 흥분은 근심으로 변했다.

2 **care for** 돌보다, 부양하다
   He had a wife to care for. 그에겐 돌보아야 할 아내가 있었다.

All of a sudden, Jim stopped and looked at Della. He didn't look angry, horrified or surprised, and it terrified her. He simply stared at her with a strange expression on his face. Della jumped up and went over to him.

"Jim, darling," she cried, "don't look at me that way. I sold my hair to buy you a wonderful Christmas present. I just had to do it. And my hair will grow again. It grows very fast. You don't mind, do you? Say Merry Christmas, Jim, and let's be happy. You don't know what an elegant and beautiful gift I've got for you."

"You've cut off your hair?" asked Jim, as if he could hardly believe it. [1]

□ all of a sudden 갑자기
□ horrified 공포에 질린
□ terrify …을 겁나게 하다
□ jump up 벌떡 일어서다
□ mind 신경쓰다
□ cut off …을 싹둑 자르다
□ elegant 품위 있는, 고상한

□ can hardly 거의 …할 수가 없다,
  …하기 무척 어렵다
□ look about …의 주변을 둘러보다
□ curiously 이상한 듯이
□ number …의 수를 매기다, …을 세다
  (= count)
□ put ... on …을 불 위에 올리다

---

1 **as if + 주어 + 과거형 동사** 마치 …라는 듯이(인 것처럼)
  "You've cut off your hair?" asked Jim, as if he could hardly believe it. 짐은 마치 믿기지 않는다는 듯이 "당신 머리를 잘랐다고?"라고 물었다.

"Cut it off and sold it," said Della. "Don't you love me like this? I'm still me without my hair."

Jim looked about the room curiously.

"You say your hair is gone?" he said.

"Yes," said Della. "Sold and gone. It's Christmas Eve, Jim. Please don't be angry, I sold it for you."

Then she sighed and said, "Maybe the hairs on my head were numbered, but nobody could ever count my love for you. Now, shall I put the chops on, Jim?"

Jim put his arms around Della and held her tightly. [2] He took a package from his pocket and put it on the table.

---

2 **put one's arms around** …에게 양팔을 두르다
Jim put his arms around Della and held her tightly.
짐은 델라에게 양팔을 두르고 꼭 껴안았다.

"Don't make any mistake about me, Dell," he said, [1]
"There is nothing, not even a haircut that could
make me love you any less. But when you unwrap
that package you will see why I was stunned at first."

Della opened the package and dropped it on the
table. At first, she screamed with joy. Then she burst
into tears, and sobbed hysterically. Jim held her in
his arms to comfort her.

On the table, lay a set of beautiful combs. They
were the perfect color for her hair. The combs were
made of pure tortoise shell, and were trimmed with
jewels. Della had seen them in the window of a [2]
large store, and had longed for them.

☐ unwrap ···의 포장을 풀다(↔ wrap)
☐ be stunned 어리둥절하다
☐ burst into tears 울음을 터뜨리다
☐ hysterically 신경질적으로

☐ comfort ···을 위로하다
☐ be made of ···로 만들어지다
☐ pure tortoise shell 진짜 별갑
☐ long for 갈망하다

---

1 **make a mistake about** ···에 대해 오해하다
   Don't make any mistake about me, Dell.
   나에 대해 오해하지 말기 바라오, 델.

2 **be trimmed with jewels** 가장자리에 보석이 박히다
   The combs were made of pure tortoise shell, and were trimmed
   with jewels. 그 빗들은 진짜 별갑으로 만들어졌고, 가장자리에 보석이 박혀 있었다.

However, she had always known they couldn't afford to buy them. But now that she no longer had ^{1 ☀} beautiful long hair, they were hers! She hugged them to her chest, and looked at Jim through her sad eyes.

□ hug ... to one's chest ···을 가슴에
　꼭 품다
□ weakly 힘없이
□ eagerly 조바심을 내며
□ precious metal 귀금속

□ flash 반짝이다
□ with a reflection of ···을 반영하여
□ passionate spirit 열정적인 마음
□ hunt 구석구석 뒤지고 다니다

She smiled weakly and said, "My hair grows so fast, Jim!"

All of a sudden, Della remembered the beautiful present she had bought for Jim. She hadn't wrapped it, but eagerly handed it to him. The precious metal [2] seemed to flash with a reflection of her bright and passionate spirit.

"Isn't it wonderful, Jim?" she said. "I hunted all over town for it. You can check the time a hundred times a day now. Give me your watch. I want to see how the chain looks on it."

---

1 **can afford to + 동사원형** (금전적으로) …할 여유가 있다
She had always known they couldn't afford to buy them.
그녀는 자신들이 그 빗들을 살 여유가 없다는 것을 줄곧 알고 있었다.

2 **hand A to B** B에게 A를 건네다
She eagerly handed it to him.
그녀는 조바심을 내며 그에게 선물을 건넸다.

See p.127

Mini-Less🔅n

now that : 이제 …하니까, …이므로
- But now that she no longer had beautiful long hair, they were hers!
  그러나 이제 그 아름다운 긴 머리가 사라지고 나니까, 빗들이 그녀 소유가 되었다!
- Now that my father is gone, I have to take care of my family.
  이제 아버지께서 돌아가셨으므로, 내가 가족을 돌보아야 한다.

Jim sat down on the couch, and put his hands at the back of his head.

Then he smiled and said, "Dell, let's put our Christmas presents away for a while. They're too [1] nice to use right now. I sold the watch to get the money to buy your combs. Now, put the chops on."

The Magi were wonderfully wise men who brought gifts to Baby Jesus as he lay in the manger. They invented the art of giving Christmas presents. Because the Magi were wise, their gifts were wise and thoughtful ones.

Is this the story of two foolish children? Were their actions really unwise? No!

Della and Jim sacrificed their greatest treasures to bring joy to each other. They demonstrated wise and unselfish love, just like the Magi.

□ manger 마구간
□ invent 고안하다
□ art 방법
□ thoughtful 사려 깊은

□ unwise 현명하지 못한
□ demonstrate 보여주다
□ unselfish 이타적인, 이기적이 아닌

1 put ... away ···을 치워 놓다
Let's put our Christmas presents away for a while.
잠시 저 크리스마스 선물들을 치워 놓읍시다.

 # Check-up Time!

● **WORDS**

빈칸에 알맞은 단어를 보기에서 골라 써넣으세요.

expenses	platinum	butcher	landing

1 She hurried up the stairs and stopped on the _____.

2 She bargained with the _____ in the market.

3 Her watch was made of _____, not gold.

4 This month's _____ were greater than his income.

● **STRUCTURE**

괄호 안의 단어를 어법에 맞게 배열해 문장을 완성하세요.

1 He looked at her _____ _____ _____ _____ hardly
believe it. (if, could, he, as)

2 There is nothing _____ _____ _____ _____ on the
couch. (but, to, do, lie)

3 _____ _____ _____ no longer had long hair, the combs
were hers. (that, she, now)

본문의 내용과 일치하면 T, 일치하지 않으면 F에 표시하세요.

1 Della paid $8 rent per week for her furnished apartment.

T   F

2 Della cooked the chops before Jim arrived home.

T   F

3 Jim said Della looked like a young schoolgirl.   T   F

● SUMMARY

빈칸에 맞는 말을 골라 이야기를 완성하세요.

Della and Jim were a poor couple living in New York City. Della saved her (   ) for months to buy him a Christmas present, but she did not have enough. So she sold her beautiful long (   ) and bought a rare chain for his pocket watch. But Jim sold his precious watch and bought a set of beautiful (   ) for Della. They sacrificed their greatest (   ) to bring joy to each other.

a. pennies   b. treasures

c. combs   d. hair

a Beautiful Invitation
– YBM Reading Library

After Twenty Years

O. Henry

After Twenty Years

이십 년 후

The policeman walked up the avenue. It was nearly 10 o'clock at night. A chilly wind was blowing, and there were few people on the streets.

He made sure the shop doors were locked, and [1] twirled his club in circles as he went. Now and then he stopped, and cast his watchful eye up and down. [2] The officer's powerful build made him a fine protector of the peace.

The area he was patrolling closed early. Only a cigar store and a few restaurants were still open. Most of the doors belonged to business places, and had closed some hours ago.

---

1 **make sure** ···을 확인하다
He made sure the shop doors were locked.
그는 상점의 문들이 잠겨져 있는지를 확인했다.

About half way along the policeman suddenly slowed his walk. In the doorway of a darkened hardware store he saw a man. The man leaned against the door with an unlit cigar in his mouth.

2 **cast one's eye up and down** 위아래로 주의 깊게 살피다
He stopped, and cast his watchful eye up and down.
그는 멈춰 서서 위아래로 주의 깊게 살폈다.

□ chilly 차가운
□ locked 잠긴
□ twirl one's club in circles
곤봉을 원을 그리며 휘두르다
□ now and then 때때로
□ watchful 주의 깊은
□ build 체격

□ protector of the peace 평화의
수호자
□ patrol 순찰하다
□ doorway 문간, 출입구
□ darkened 어두운
□ hardware store 철물점
□ unlit 불을 붙이지 않은

As the policeman walked up to him, the man spoke.

"It's all right, officer," he said, quickly. "I'm just waiting for a friend. It's an appointment made [1] twenty years ago. It sounds a bit funny to you, doesn't it? Well, let me explain. Twenty years ago there was a restaurant on this very spot. It was called 'Big Joe' Brady's restaurant."

"It was torn down five years ago," said the policeman.

The man struck a match and lit his cigar. In the light, the policeman saw his pale face, square jaw and sharp eyes. He also noticed a little white scar near the man's right eyebrow, and the large diamond on his tiepin.

___

- □ on this very spot 바로 이 곳에
- □ be torn down 허물어지다
- □ strike a match 성냥을 긋다
  (strike - struck - struck)
- □ light …에 불을 붙이다 (light - lit - lit)
- □ square jaw 사각 턱
- □ notice 주목하다
- □ scar 흉터, 상처
- □ tiepin 넥타이핀
- □ dine 저녁 식사를 하다
- □ grow up 성장하다

1 **make an appointment** 약속하다
It's an appointment (which was) made twenty years ago.
20년 전에 한 약속이죠.

"Twenty years ago tonight," said the man, "I dined at 'Big Joe' Brady's with my best friend, Jimmy Wells. He is one of the finest men in the world. We grew up together here in New York, just like two brothers. I was eighteen and Jimmy was twenty."

❓ 기다리고 있는 남자와 관계 없는 것은?
  a. square jaw
  b. white scar
  c. broad eyebrow   정답 c

미 서부는 주로 캘리포니아를 포함한
서쪽에 있는 13개 주를 가리킨답니다.

"The next morning,"
he continued, "I was
traveling West[*] to make
my fortune. But you [1]
couldn't drag Jimmy out
of New York. He thought
it was the only place to be on
earth. That night, we agreed to meet here again
exactly twenty years from that date and time. And it
didn't matter what our conditions might be or how
far we might have to travel. But we thought that in
twenty years, each of us would be rich."

"That's an interesting story," said the policeman.
"But, it seems to me, that it's a very long time
between meetings. Have you heard from your friend
since you left?"

---

1 **make one's fortune** 큰 돈을 벌다, 성공하다, 출세하다
I was traveling West to make my fortune.
저는 큰 돈을 벌기 위해 서부로 갈 예정이었죠.

2 **조동사 do(인칭·시제 반영) + 동사원형** (강조) 정말로 …하다
We did write to each other for a while.
우리는 한동안 정말로 편지를 주고 받았습니다..

3 **move from town to town** 이 마을 저 마을로 옮겨 다니다
I kept moving from town to town. 저는 계속 이 마을 저 마을로 옮겨 다녔습니다.

"We did write to each other for a while," said the [2] man. "But after a year or two we lost contact. The West is a big place, and I kept moving from town to town. If Jimmy is alive, he will meet me here. He [3] was always the most loyal and honest person in the world. He won't forget. I traveled a thousand miles to meet him here tonight. And it will all be worth it, if Jimmy turns up."

☐ drag A out of B A를 B에서 끌어내다
☐ matter 문제가 되다
☐ conditions 상황, 형편
☐ lose contact 연락이 끊기다
☐ loyal 충직한, 의리 있는
☐ worth …의 가치가 있는
☐ turn up 나타나다(= show up)

The waiting man pulled out a handsome gold watch. Its lid was set with small diamonds. [1]

"Three minutes to ten," he said. "It was exactly ten o'clock when we parted here at the restaurant door."

"Did you make a lot of money out West, then?" asked the policeman.

"You bet! I hope Jimmy has done half as well as [2] me. He was always careful and took his time, but he was a great guy. I've had to compete with some of the cleverest people to make my fortune. A man can become dull and boring in New York. But the West soon sharpens him up!" [3]

---

1 **A be set with B** A에 B가 박혀 있다
   Its lid was set with small diamonds.
   회중 시계의 뚜껑에는 작은 다이아몬드가 박혀 있었다.

2 **do half as well as** …의 절반을 하다
   I hope Jimmy has done half as well as me.
   지미가 내 절반이라도 성공했으면 하는 바람입니다.

3 **sharpen ... up** …을 날카롭게 만들다
   But the West soon sharpens him up!
   하지만 서부는 사람을 금방 날카롭게 만들죠!

□ pull out 꺼내다
□ lid 뚜껑
□ part 헤어지다
□ out West (미국 동부에서) 서부에서〔로〕
□ You bet! 물론이죠!

□ take one's time 천천히 하다,
　시간을 들이다
□ compete with …와 경쟁하다
□ dull 무딘

The policeman twirled his club again and began to walk away.

"Good luck, sir. I hope your friend arrives soon. Will you wait much longer?"

"I'll stay here for at least half an hour. If Jimmy is alive, he'll meet me here. Goodnight, officer."

"Goodnight, sir," said the policeman.

Then he carried on down the street, checking the shop doors.

☐ at least 적어도
☐ carry on 계속 (걸어) 가다
☐ drizzle 이슬비
☐ steadily 끊임없이, 꾸준히
☐ turn one's collar up …의 깃을 세우다

A fine, cold drizzle was falling, and the wind had begun to blow steadily. A few people hurried silently through the rain, with their coat collars turned up, and their hands in their pockets. And in the door of the hardware store, the man who had come a thousand miles smoked his cigar and waited.

Mini-Less:●:n

See p. 128

동시에 일어나는 두 상황을 묘사할 때는?

어떤 동작이 다른 동작과 동시에 일어나는 상황을 묘사하고 싶을 때는 「with +목적어(A)+분사형 동사(B)」를 쓰고 'A가 B한 채[하는 동안]'라고 해석하면 된답니다.

- A few people hurried silently through the rain, with their coat collars turned up.
  몇몇 사람들은 코트 깃을 세운 채 조용히 빗속을 서둘러 걸어갔다.
- He took a nap with his mother watching TV. 엄마가 TV를 보는 동안 그는 낮잠을 잤다.

About twenty minutes later, a tall man in a long coat hurried across from the opposite side of the street. He went straight to the waiting man. [1]

"Is that you, Bob?" he asked, doubtfully.

"Is that you, Jimmy Wells?" cried the man in the doorway.

"I don't believe it!" exclaimed the tall man, grasping the other's hands. "It's you, Bob. I was sure you would be here, if you were still alive. Well, well, well! Twenty years is a long time. What a pity the old restaurant isn't still here. It would have been [2] good to have dinner there again. But tell me, Bob, did you do well out West?

"I certainly did! I have everything I ever wanted. You've changed a lot, Jimmy. I don't remember you being so tall."

---

1 **across from the opposite side of the street** 길 건너편에서
A tall man in a long coat hurried across from the opposite side of the street. 길 건너편에서 롱 코트를 입은 키 큰 남자가 서둘러 왔다.

2 **What a pity + 절** …하는 것이 얼마나 안타까운지
What a pity the old restaurant isn't still here.
그 옛날 식당이 사라지다니 얼마나 안타까운지.

? 길 건너편에서 달려온 남자에 대한 설명 중 틀린 것은?

a. He is tall.
b. He wears a long coat.
c. His name is Bob.

정답 c

☐ go straight to …로 곧장 가다
☐ doubtfully 의심스러운 듯이, 미심쩍은 듯이

☐ exclaim 소리를 지르다
☐ grasp 꽉 붙잡다
☐ do well 잘하다, 성공하다

Mini-Less☀n

if절을 대신하는 to 부정사구

「to+동사원형」이 이끄는 부정사구는 가정법의 if절을 대신하기도 해요. 이때 주절의 동사로 가정법 문장임을 눈치챌 수 있답니다.

- It would have been good to have dinner there again.
  (= if we had had dinner there again.) 거기서 다시 한번 식사를 했더라면 좋았을 텐데.
- I would be glad to go with you.(= if I went with you.) 당신과 함께 간다면 기쁠 텐데요.

"Oh, I grew a few inches after I turned twenty," said the tall man quickly.

"Are you doing well in New York, Jimmy?"

"Yes, I'm okay. I'm working for one of the city departments. Now, come along, Bob. Let's go to a place I know. Then we can have a good long talk about old times."

The two men started up the street, arm in arm. [1] The man from the West began to boast about the fortune he had made. The other, well wrapped in [2] his coat, listened with interest.

The two men went into the doorway of a brightly lit café on the corner. They turned to look at each other.

- □ turn (나이가) …가 되다
- □ department 부서
- □ come along 자, 어서
- □ start 걷기 시작하다
- □ boast about (of) …에 대해 자랑하다
- □ with interest 관심 있게, 솔깃해서
- □ brightly lit 밝게 불이 켜진
- □ release 빼다, 풀다
- □ snap 쏘아 붙이듯 말하다

1 **arm in arm** 팔짱을 끼고
The two men started up the street, arm in arm.
두 사람은 팔짱을 끼고 거리를 걸어 올라가기 시작했다.

2 **well wrapped in** …에 푹 싸여
The other, well wrapped in his coat, listened with interest.
외투에 푹 싸인 상대편 사나이는 관심 있게 귀를 기울였다.

Suddenly, the man from the West stopped and
released his arm.

"You're not Jimmy Wells," he snapped.

"Twenty years is a long time, but not
long enough to change the
shape of a man's nose!"

"But it can sometimes change a good man into a bad one," said the tall man. "You've been under [1] arrest for ten minutes, 'Silky' Bob. Chicago thought you might be coming our way. We got a message to say that they want to talk to you. Are you going to be sensible and come quietly? Oh, by the way, before we go to the police station, here's a note I was asked to hand you. It's from Patrolman Wells."

The man from the West took the note. At first, his hand was steady. But when he had finished reading the note, his hand was trembling.

The note was rather short.

☐ under arrest 체포되어
☐ sensible 분별 있는
☐ by the way 그런데
☐ hand …에게 건네주다
☐ patrolman 순찰경관
☐ tremble 떨리다

☐ appointed place 약속 장소
☐ on time 정시에
☐ wanted 지명 수배 중인
☐ arrest 체포하다
☐ plainclothes policeman 사복
경찰관

---

1 **change A into B** A를 B로 바꾸다(변화시키다)
  But it can sometimes change a good man into a bad one.
  하지만 20년이라는 세월이 때로는 착한 사람을 악한 사람으로 바꾸기도 하지.

2 **do the job** (필요한) 그 일을 하다
  So I went and got a plainclothes policeman to do the job.
  그래서 나는 경찰서로 가서 사복 경찰에게 그 일을 해달라고 부탁한 거라네.

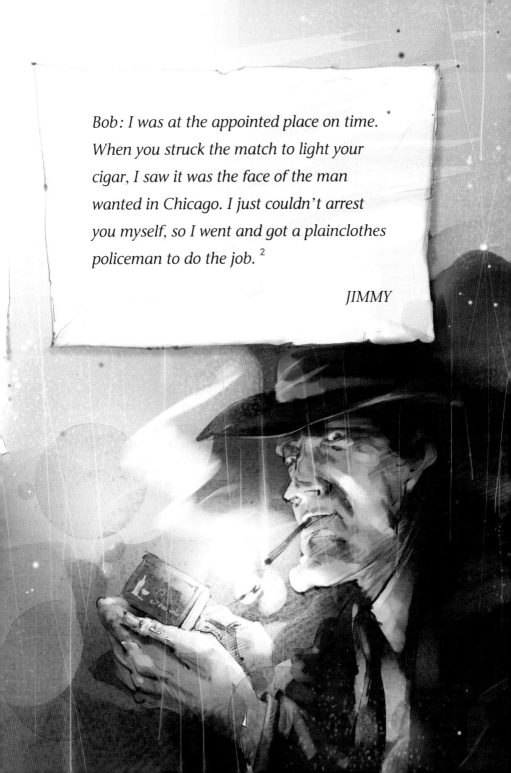

Bob: I was at the appointed place on time. When you struck the match to light your cigar, I saw it was the face of the man wanted in Chicago. I just couldn't arrest you myself, so I went and got a plainclothes policeman to do the job. [2]

JIMMY

Check-up Time!

● **WORDS**

다음 단어와 단어의 뜻을 서로 연결하세요.

1 part •

2 patrol •

3 matter •

4 release •

• a. to stop holding something

• b. to be important

• c. to protect a place by moving regularly around it

• d. to go away from somebody

● **STRUCTURE**

알맞은 단어를 골라 문장을 완성하세요.

1 It's an appointment (made, done) twenty years ago.

2 The other, well (wrapping, wrapped) in his coat, listened with interest.

2 It would have been good (to have, if have) dinner there again.

2 A few people hurried silently through the rain, with their coat collars (turning, turned) up.

본문의 내용과 일치하면 T, 일치하지 않으면 F에 표시하세요.

1 Jimmy was not at the appointed place on time. ☐ T ☐ F

2 Bob and Jimmy wrote each other for 20 years. ☐ T ☐ F

3 Jimmy was working for one of the city departments. ☐ T ☐ F

● SUMMARY

빈칸에 맞는 말을 골라 이야기를 완성하세요.

One night just before ( ) o'clock, a policeman was patrolling and met and talked with a man called Bob. He had come a thousand miles from the West to meet Jimmy. They had made an appointment to meet there again ( ) years ago. The policeman left and a few minutes later Jimmy appeared. But he was not Jimmy and ( ) was arrested. The ( ) was Jimmy and he sent Bob a note that said he couldn't arrest him.

a. policeman
b. Bob
c. ten
d. twenty

a Beautiful Invitation
– YBM Reading Library

The Mammon and
the Archer

O. Henry

People in the Story

재물의 신과 사랑의 사수에 등장하는 인물들을 살펴볼까요?

Anthony Rockwall

비누 공장으로 성공한 기업가. 돈으로
해결되지 못할 문제는 없다는 생각으로
이들의 애정 문제에 개입한다.

Kelly

브로드웨이 일대에 교통 정체를 일으킨
인물. 앤서니의 부탁으로 지독한 교통
정체가 일어나도록 일을 꾸민다.

Richard Rockwall
상류 사회 아가씨와 사랑에
빠진 젊은이. 사랑 고백의
기회를 찾지 못해 전전긍긍하다
뜻하지 않은 교통 정체로
기회를 잡아 사랑을 이룬다.

Miss Lantry
일분일초의 시간이 미리 짜여져
있는 상류 사회 아가씨. 극장으로
가는 마차 안에서 리처드의 사랑
고백을 듣고 약혼한다.

Aunt Ellen
앤서니의 여동생.
조카에게 사랑의 행운을
가져다 주는 반지를
건네며 그를 격려한다.

CHAPTER 1

You Are a Gentleman, Son!

아들아, 너는 신사란다!

Old Anthony Rockwall had retired. He had made his fortune as owner of Rockwall's Eureka Soap.

One day he was sitting in the library of his Fifth Avenue mansion. Through the window, he saw his neighbor, G. Van* Schuylight Suffolk-Jones 반우 네덜란드 사람의 이름에 쓰인답니다. walk out to his waiting car. As usual, Suffolk-Jones wrinkled his nose in disgust at the large Italian [1] sculpture that stood next to Rockwall's front door.

□ retire 은퇴하다
□ library 서재
□ mansion 대저택

□ waiting 대기 중인
□ as usual 언제나처럼
□ in disgust 혐오스럽다는 듯

1 **wrinkle one's nose at** …을 보고 콧등을 찌푸리다

As usual, Suffolk-Jones wrinkled his nose in disgust at the large
Italian sculpture. 언제나 그렇듯이 서포크-존즈는 커다란 이탈리아 조각상을
보고 혐오스럽다는 듯 콧등을 찌푸렸다.

Old Anthony grinned and said, "What a stuck-up old creature he is! I'll have my house painted red, white, and blue* next summer! Then he will be even angrier with me!" 빨강, 하양, 파랑 색은 네덜란드 국기 색을 가리킨답니다.

Anthony Rockwall didn't like ringing bells for servants. So he went to the door and shouted, "Mike!"

Everyone said that his voice was so loud that it could shatter the clouds over the Kansas plains.

When Mike arrived, Anthony said, "Tell my son to come here before he leaves the house."

Old Anthony combed his thick white hair with his fingers, and rattled the keys in his pocket. But when young Rockwall entered the library, the old man put down his newspaper. His face was grim, but he looked kindly at his son.

□ grin 싱긋 웃다
□ stuck-up 콧대 높은
□ ring a bell for …을 부르러 종을 울리다
□ shatter 산산이 부수다, 흩어 놓다
□ plain 평원, 초원

□ comb 빗질하다
□ rattle 찰랑찰랑 흔들다; 차가 덜컥거리며 달리다
□ put down …을 내려놓다
□ grim 근엄한

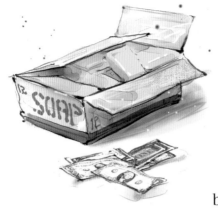

"Richard," said Anthony Rockwall, "what do you pay for the soap you use?" Richard was startled by the question. He had been home from university for six months, and was often surprised by his father's actions and questions.

"Six dollars a dozen, I think, Dad." ☀

"And your clothes?"

"Oh, I would say about sixty dollars." [1]

"You're a gentleman, son," said Anthony. "I've heard of some young men spending $24 for a dozen soaps, and more than a hundred for clothes. You've got as much money as any of them. But you are careful and sensible. Now, I use the old Eureka soap but only because it's the best. Any soap sold for over 10 cents a cake, is full of bad perfumes. But 50 cents is okay for a young man in your position. As I said, you're a gentleman. Some people say it takes three generations to make one. But that's not right! It was [2] my money that made you a gentleman, and it [3] almost made me one too. I'm almost as impolite and unpleasant as my two stuck-up neighbors. I'm sure they can't sleep at night because I live in between them."

□ be startled by …에 깜짝 놀라다
□ sold for …의 값에 팔리는
□ cake (비누 등) 조각
□ perfume 향기

□ position 지위
□ generation 세대
□ impolite 무례한
□ unpleasant 불쾌한

---

1 **would say** …인 것 같다
Oh, I would say about sixty dollars.
아, 60달러 정도인 것 같습니다.

2 **it take + 시간(A) + to + 동사원형(B)** B하는 데 A의 시간이 걸리다
Some people say it takes three generations to make one.
어떤 사람들은 신사 한 사람을 만드는 데 3대가 걸린다고 말하지.

3 **It was + 강조할 어구(A) + that 이하(B)** B한 것은 바로 A였다
It was my money that made you a gentleman.
너를 신사로 만든 건 바로 내 돈이야.

Mini-Less🔅n

a(an) + 단위: …마다, 당(= per)

• Six dollars a dozen, I think, Dad. 아버지, 한 다스에 6달러를 쓰는 것 같습니다.
• Any soap sold for over 10 cents a cake, is full of bad perfumes.
  하나에 10센트 정도 하는 비누는 향기가 나쁘지.
• She drove 40 miles an hour. 그녀는 시속 40마일로 달렸다.

"But, there are some things that money can't buy," said Richard, sadly.

"Don't say that," said old Anthony. "I've been through the encyclopedia looking for something[1] I can't buy. I'm up to 'Y' now but there is nothing there that I can't buy. So, tell me something money won't buy."

"Okay," said Richard. "It can't buy you a place in the high circles of society."

"Oh, really!" cried the old man. "There would be no 'High Society' in America if some wealthy ☀ families had not paid to come here!"

Richard sighed.

"Now boy, I know there's something wrong with you," continued the old man. "I've noticed it for the past two weeks. Come on, tell me, son. I can get you about eleven million dollars within twenty-four hours if necessary. Or, if you need a holiday, my yacht is ready to take you to the Bahamas* tomorrow."

바하마 제도는 미국 플로리다 반도 동남방의 군도랍니다.

"Not a bad guess, Dad. Yes, there is something wrong."

"Ah," said Anthony, "what's her name?"

□ encyclopedia 백과사전　　　　　□ sigh 한숨을 쉬다
□ up to …까지　　　　　　　　　□ million 백만
□ high circles of society 상류 사회　□ if necessary 필요하다면

1 **be through** …을 샅샅이 뒤지다

I've been through the encyclopedia looking for something I can't buy. 돈으로 살 수 없는 것을 찾아서 백과사전을 샅샅이 뒤졌지.

Mini-Less ☀n

See p.129

혼합가정법

과거의 일이 현재에 영향을 미쳐 '그때 …했다면 지금쯤 ~할 텐데'라고 가정할 때는
if절엔 가정법 과거완료, 주절엔 가정법 과거를 쓰는 혼합가정법을 사용한답니다.

• There would be no "High Society" in America if some wealthy families had not paid to come here! 부유한 가족들이 여기에 오기 위해 돈을 치르지 않았더라면 미국에 상류 사회란 없을 게야!

• If you hadn't stayed up last night, you wouldn't be so tired now.
지난 밤 네가 밤을 새지 않았더라면, 지금 이토록 피곤하지 않을 텐데.

Richard began to walk up and down the library.
Sometimes his father seemed uninterested in his
activities, but Richard knew that he loved and
supported him.

"Why don't you ask her?" demanded old Anthony.
"You've got the money and the looks, and you're a [1]
decent boy. She'll jump at you."

"I haven't had a chance," said Richard.

"Well, take her for a walk in the park, or walk her home from church. You have to make your chances, it's easy!"

"You don't know how high society works, Dad. Every minute of her time is arranged for days in advance. But I must marry that girl! Without her, [2] this city means nothing to me. And I can't write to her. I don't know what to say!"

"Come on, son!" said the old man. "Do you mean to tell me that all my money can't get you an hour or two of a girl's time?"

□ uninterested in ⋯에 무관심한
□ support 지원하다, 응원하다
□ ask 청혼하다
□ demand 따지듯 묻다

□ decent 점잖은
□ jump at ⋯에게 달려들다
□ have a chance 기회를 잡다
□ work 돌아가다, 운용되다

---

1 **You've got the looks.** 너는 인물이 잘생겼다.
You've got the money and the looks, and you're a decent boy.
너는 돈도 있고 인물도 잘생겼고, 또 점잖은 청년이니 말이다.

2 **be arranged for days in advance** 며칠씩 미리 정해지다〔짜여지다〕
Every minute of her time is arranged for days in advance.
그녀의 매 시간 매 분이 며칠씩 미리 짜여져 있어요.

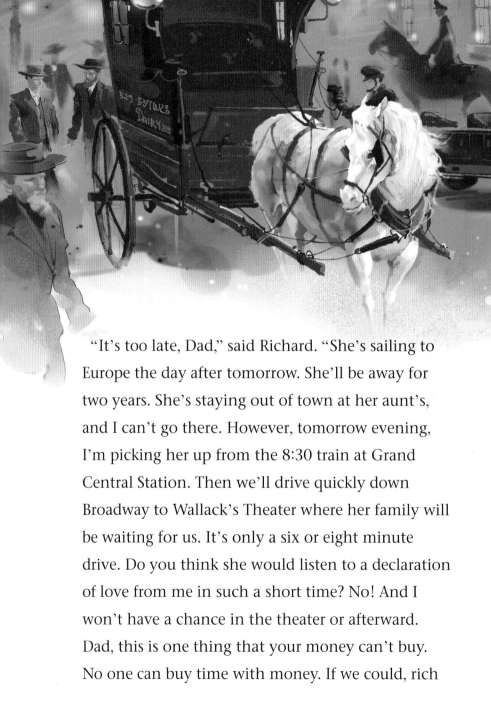

"It's too late, Dad," said Richard. "She's sailing to Europe the day after tomorrow. She'll be away for two years. She's staying out of town at her aunt's, and I can't go there. However, tomorrow evening, I'm picking her up from the 8:30 train at Grand Central Station. Then we'll drive quickly down Broadway to Wallack's Theater where her family will be waiting for us. It's only a six or eight minute drive. Do you think she would listen to a declaration of love from me in such a short time? No! And I won't have a chance in the theater or afterward. Dad, this is one thing that your money can't buy. No one can buy time with money. If we could, rich

people would live forever. I know there's no hope
of telling Miss Lantry my feelings before she sails."

"All right, Richard," said old Anthony, cheerfully.
"Run along to your club now. But don't forget to
occasionally burn some incense to Mammon, the
great god of money."

? Richard가 Miss Lantry에게 한 약속은?
a. 랜트리 양의 친척 방문
b. 역 마중

정답 : b

- □ the day after tomorrow 모레
- □ stay out of town 시내 외곽에
  머무르다
- □ pick ... up …을 (차로 태우러)
  마중나가다
- □ declaration of love 사랑의 맹세

- □ cheerfully 기분 좋게, 기꺼이
- □ run along to …로 달려가다
- □ forget to+동사원형 …하는 것을 잊다
- □ occasionally 때때로
- □ burn incense to …에게 향을 피우다
- □ Mammon 재물〔황금〕의 신

□ gentle 부드러운, 상냥한   □ refuse 거절하다
□ millionaire 백만장자   □ fear …할까 걱정이다
□ all-powerful 전지전능한

1 **where ... be concerned** …에 관한 일이라면
Wealth is nothing where true love is concerned.
진정한 사랑에 관한 일이라면 재산은 아무 소용 없어요.

2 **가정법 문장에서 if절을 대신하는 then**
She could not have refused Richard, then(= if he had spoken of
it sooner). 그랬다면 그녀도 리처드를 거절하지 못했을 텐데.

That night, Anthony's kind and gentle sister, Ellen,
came to visit. She talked with her brother about
Richard's problem.

"He told me all about it," said Anthony. "I told him
he was a rich young gentleman, who could have
anything he wanted. But he said all our money
couldn't help him! 'The rules of society,' he said,
'could never be changed by a team of ten
millionaires!'"

"Oh, Anthony," sighed Aunt Ellen, "I wish you ☀
wouldn't always think about money. Wealth is
nothing where true love is concerned. Love is [1]
all-powerful. I wish he had spoken of it sooner! ☀
She could not have refused Richard, then. But I [2]
fear it is too late, now. All your money cannot
bring happiness to your son."

Mini-Less☀n

I wish + 가정법 과거(과거형 동사): …라면 좋을 텐데
I wish + 가정법 과거완료(had + p.p.): …했더라면 좋았을 텐데

• I wish you wouldn't always think about money.
  난 오빠가 항상 돈 생각만 하지 않았으면 좋겠어요.
• I wish he had spoken of it sooner! 리처드가 좀 더 일찍 그 말을 했더라면 좋을 텐데요.

 Check-up Time!

● **WORDS**

빈칸에 알맞은 단어를 보기에서 골라 써넣으세요.

work	support	retire	rattle

1 He was old enough to _____ now.

2 Is everything ready for the plan to _____?

3 He would _____ the keys in his pocket making a noise.

4 His mom went to the concert to _____ her son.

● **STRUCTURE**

알맞은 전치사를 보기에서 골라 문장을 완성하세요.

in	at	to	for

1 He wrinkled his nose in disgust _____ the sculpture.

2 He didn't like ringing bells _____ servants.

3 I'm up _____ "Y" now but there is nothing there I can't buy.

4 His father seemed uninterested _____ his activities.

● COMPREHENSION

다음은 누가 한 말일까요? 기호를 써넣으세요.

a.

Richard

b.

Ellen

c.

Anthony

1 "Love is all-powerful." _____

2 "Some people say it takes three generations to make one." _____

3 "You don't know how high society works." _____

● SUMMARY

빈칸에 맞는 말을 골라 이야기를 완성하세요.

> Anthony Rockwall was the (   ) owner of a soap company. He thought money could buy everything, but his son Richard didn't think so. He loved Miss Lantry in (   ) society but didn't have a chance to (   ) her to marry him. Because every minute of her time was (   ) for days in advance and soon she would sail to Europe.

a. high   b. retired   c. arranged   d. ask

Mammon or Cupid?

재물의 신이냐 사랑의 신이냐?

At eight o'clock the next evening, Aunt Ellen gave Richard an antique gold ring.

"Wear it tonight, nephew," she begged. "Your mother gave it to me, and said it would bring luck in love to whoever wore it. She asked me to give it to [1] you when you find the one you love."

Richard carefully took the ring, and tried it on his smallest finger. But it was far too small. So he took it off and put it in his pocket. Then he phoned for his cab.

At the station he met Miss Lantry at eight thirty-two.

"We mustn't keep my family waiting," she said. [2]

"To Wallack's Theater as fast as you can drive!" Richard said to the cab driver.

They raced up Forty-Second Street to Broadway. Then they turned onto Thirty-Fourth Street. Suddenly, Richard ordered the cabman to stop.

"I've dropped a ring," he said, as he climbed out of the cab. "It was my mother's, and I'd hate to lose it. It won't take long to find it, I saw where it fell."

In less than a minute he was back in the cab with the ring.

☐ antique 옛스러운, 고풍스러운
☐ beg 간청하다
☐ try ... on ···을 한번 껴 보다
☐ far too 너무나
☐ take ... off ···을 빼다, 벗다
☐ phone for 전화로 ···을 부르다

☐ cab 2륜 승합 마차
☐ cab driver 마부(= cabman)
☐ race up ···을 따라 달리다
☐ turn onto (모퉁이)에 들어서다
☐ climb out of ···에서 내려오다

1 **whoever** ···하는 사람 누구든
It would bring luck in love to whoever wore it.
이걸 끼는 사람 누구에게든 사랑의 행운을 가져다 줄 거다.

2 **keep ... waiting** ···을 기다리게 하다
We mustn't keep my family waiting. 우리 가족을 기다리게 해선 안 돼요.

But within that minute, a large streetcar had stopped directly in front of the cab. The cabman tried to pass to the left, but a heavy express wagon blocked the way. He tried the right, but had to back away from a furniture van. Then he tried to back out, but dropped his reins and swore loudly. A mess of vehicles and horses surrounded his cab!

"Why don't you drive on?" said Miss Lantry, impatiently. "We'll be late."

Richard stood up in the cab, and looked around. He saw wagons, trucks, cabs, vans and streetcars filling the space around them. And more and more were hurrying and rattling toward them. It seemed that all the traffic in Manhattan had gathered around them. Even the oldest New Yorker had never seen such a terrible traffic jam before!

"I'm very sorry," said Richard, as he sat down. "But it looks like we'll be stuck here for more than an hour. It's my fault. If I hadn't dropped the ring we ..."

"It can't be helped!" said Miss Lantry. "I don't like theaters, anyway. Will you show me the ring?"

- ☐ streetcar 전차
- ☐ express wagon 사륜 짐마차
- ☐ block 가로막다
- ☐ back away from …로부터 후진하다
- ☐ furniture van 가구 수송용 차량
- ☐ back out 물러서다
- ☐ reins 고삐

- ☐ swear 욕을 하다
  (swear-swore-sworn)
- ☐ a mess of (불쾌한 것) 많은
- ☐ impatiently 조바심을 내며
- ☐ traffic jam 교통 정체
- ☐ be stuck (교통 정체로) 갇히다
- ☐ can`t be helped 어쩔 수 없다

At 11 o'clock that night, somebody knocked lightly on Anthony Rockwall's door. He was in his red dressing gown, and reading a book about pirates.

"Come in," he shouted.

Aunt Ellen opened the door and walked in. She looked like a gray-haired angel that had been left on earth by mistake.

"They're engaged, Anthony," she said, softly. "Miss Lantry has promised to marry Richard. On their way to the theater there was a traffic jam. It was two hours before their cab could get out of it." [1]

"Now, Anthony," she continued, "never boast of the power of money again. A little ring symbolizing true love is the cause of Richard's happiness. He dropped it in the street, and got out to recover it. But, before they could continue their journey, the traffic jam occurred. While they waited, he told her of his love and won her heart. So you see, Anthony, money is nothing compared with true love!"

"Okay," said old Anthony. "I'm glad the boy has got what he wanted. I told him he could have whatever money he needed ..."

"But Anthony, what good could your money have done?"

"Ellen," said Anthony Rockwall. "My pirate is in big trouble. His ship is sinking. I wish you would let me finish this chapter."

- ☐ knock lightly on …을 가볍게 두드리다
- ☐ dressing gown （잠옷 위에 입는） 가운
- ☐ pirate 해적
- ☐ gray-haired 머리가 희끗희끗한〔반백의〕
- ☐ be engaged 약혼하다
- ☐ get out of …을 빠져나오다
- ☐ symbolize 상징하다
- ☐ recover 되찾다
- ☐ compared with〔to〕 …와 비교하여
- ☐ whatever 어떤 …이라도

1 **It was + 시간(A) + before 절(B)** B하기까지는 A의 시간이 걸렸다
It was two hours before their cab could get out of it.
두 사람이 탄 마차가 거기를 빠져나오기까지는 2시간이 걸렸대요.

The story should end here. But we must get to the
truth of it.

The next day a person with red hands and a blue
polka-dot necktie, visited Anthony Rockwall's
house. His name was Kelly, and he was immediately
invited into the library.

"Well," said Anthony, reaching for his checkbook,
"how much do I owe you?"

"It cost a little more than I expected," said Kelly. "Most of the express wagons and cabs accepted $5 each. But the trucks, motorists and two-horse teams wanted $10 a piece. The cops struck the hardest deal. I paid two, $50 each, and the rest $20 and $25. [1] But didn't it work beautifully, Mr. Rockwall? And no rehearsal, either! The boys were right on time. It was two hours before anyone could get through."

? How much did Kelly pay the express wagons each?
   a. $50   b. $25   c. $5

ㅇ 답응

---

[1] **strike the hardest deal** (흥정 등에서) 가장 심하게 요구하다 (밀어붙이다)
The cops struck the hardest deal.
경찰들이 제일 심하게 요구했습니다.

☐ **get to the truth of** …의 진상을 규명하다
☐ **polka-dot** 물방울 무늬의
☐ **be invited into** …로 안내되다
☐ **reach for** …에 손을 뻗다
☐ **checkbook** 수표책
☐ **owe A B** A에게 B를 빚지다
☐ **cost** …의 비용이 들다

☐ **motorist** 전차 운전사
☐ **cop** 경찰
☐ **the rest** 나머지
☐ **work** (일이) 성사되다
☐ **rehearsal** 예행 연습
☐ **right on time** 정각에
☐ **get through** 지나가다, 통과하다

"There you are, Kelly, thirteen hundred dollars," said Anthony, tearing off a check. "You don't despise money, do you, Kelly?"

"Me?" said Kelly. "No! But, I'd like to beat the man who invented poverty."

□ **tear off** 찢어〔떼어〕내다
□ **check** 수표
□ **despise** 경멸하다, 얕보다
□ **beat** 때리다
　(beat-beat-beat(en))

□ **invent** 발명하다
□ **poverty** 가난
□ **disagree** 의견을 달리하다
□ **add** 덧붙이다

1 **play an important role in** …에 중요한 역할을 하다
I believe money can also play an important role in love.
난 돈도 사랑에 중요한 역할을 할 수 있다고 믿네.

Just as Kelly was about to leave, Anthony said, "My son and sister believe love is a very important thing, and I agree. And they say money is nothing compared to love. However, I disagree. I believe money can also play an important role in love." [1]

Then Anthony added, "Goodbye, Kelly."

Mini-Less☀n

There you are: ① (상대가 원하는 것을 주며) 여기 있네, 받게나
② 거 봐 ③ 여기 있었구나

· There you are, Kelly, thirteen hundred dollars. 여기 있네, 켈리, 1,300달러.
· There you are! I told you it's not easy! 거 봐! 내가 쉽지 않다고 했잖아!
· There you are! I've been looking for you hours. 여기 있었구나! 너를 여러 시간 찾았잖아.

 # Check-up Time!

● WORDS

퍼즐의 빈칸에 들어갈 알맞은 철자를 써서 단어를 완성하세요.

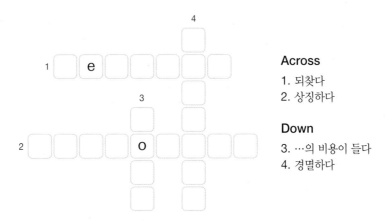

Across
1. 되찾다
2. 상징하다

Down
3. …의 비용이 들다
4. 경멸하다

● STRUCTURE

빈칸에 알맞은 단어를 골라 문장을 완성하세요.

1   Hurry up, we mustn't keep Jackie (waiting, waited).

2   It was half an hour (where, before) Jasmine could get to
     the appointed place.

3   The butchers (struck, beat) the hardest deal.

4   Jack played a very important (role, check) in the musical.

본문의 내용과 일치하면 T, 일치하지 않으면 F에 표시하세요.

1 Aunt Ellen gave Richard a little silver ring.   ☐T ☐F

2 Richard dropped the ring on the way to   ☐T ☐F
   the theater.

3 Anthony helped Kelly fight with pirates.   ☐T ☐F

4 Kelly had a rehearsal with the motorists.   ☐T ☐F

● SUMMARY

빈칸에 맞는 말을 골라 이야기를 완성하세요.

Aunt Ellen gave Richard a ring. She said it would bring
(   ) in love. Richard picked up Miss Lantry at the train
station and they raced to Broadway. But they were (   )
in a traffic jam for more than two hours. Richard and
Miss Lantry became (   ) in that time. Aunt and
Richard believed the ring brought Richard happiness. But
Anthony had caused the traffic jam by means of (   ).

a. stuck   b. money

c. luck   d. engaged

After the Story

Reading X-File 이야기가 있는 구문 독해
Listening X-File 공개 리스닝 비밀 파일!
Story in Korean 우리 글로 다시 읽기

With good nursing
you'll win.

간호만 잘 한다면, 당신의 승리가 되겠소.

★　★　★

〈마지막 잎새〉에서 떨어지는 담쟁이 잎을 자신과 동일시하며 죽음을 기
다리던 조애너는 비바람에 굴하지 않고 버티는 마지막 잎새를 보고 살려
는 희망을 가지게 되고, 의사는 친구 수에게 앞으로 간호만 잘 한다면 조
애너가 완쾌할 수 있겠다며 위와 같은 말이 말합니다. 이때 의사는 '간호
만 잘 한다면'이라는 말을 if절이 아닌 with good nursing으로 표현했
는데요, 이처럼 with, without 등이 이끄는 전치사구가 if절을 대신할
수 있답니다. 이 표현을 조애너와 수의 대화로 다시 살펴봐요.

Joanna

Without old Behrman's help, I would not be
painting here in Naples.

버먼 할아버지의 도움이 없었더라면, 내가 지금 여기 나폴리에서
그림을 그리고 있지 못하겠지.

Sue

That's right, and I sometimes think of how
brilliantly he painted the last leaf!

그래, 그리고 난 가끔 그가 마지막 잎새를 얼마나 멋지게
그렸었는지 생각해!

Now that she no longer had beautiful long hair, they were hers!

이제 그 아름다운 긴 머리가 사라지고 나니까, 빗들이 그녀의 것이 되었다!

★　★　★

〈현자의 선물〉에서 델라는 크리스마스에 남편에게 줄 선물을 살 돈을 마련하기 위해 아끼던 자신의 아름다운 긴 머리를 팝니다. 그런데 막상 남편은 델라 앞에 사라진 긴 머리에 어울리는 빗 세트를 선물로 내놓죠. 이 빗들은 평소 델라가 동경해 마지 않던 것이었기에 델라는 흐느껴 웁니다. 이때의 상황을 묘사한 위의 문장에 '이제 …이니까' 라는 뜻의 now that이라는 접속사가 쓰였어요. 그럼 이 표현을 짐과 델라의 대화로 다시 살펴볼까요?

Now that we have exchanged our Christmas presents, let's have dinner.

이제 우리 크리스마스 선물을 교환했으니, 저녁을 먹읍시다.

Jim

Okay. I'll put the chops on the stove. But first, why don't you take off your coat?

좋아요. 포크찹을 불 위에 올려 놓을게요. 하지만 먼저 코트를 벗지 그래요?

Della

A few people hurried through the rain, with their coat collars turned up.

몇몇 사람들은 코트의 깃을 세운 채 빗속을 서둘러 걸어갔다.

★ ★ ★

〈20년 후〉에서 경찰관은 10시 가까운 시각, 순찰을 돌다 20년 전 약속을 지키기 위해 친구를 기다리고 있는 한 남자를 만납니다. 그리고 그 남자와의 짧은 대화를 뒤로 한 채 사람들이 걸음을 재촉하는 거리로 다시 나서지요. 이때 사람들은 코트 깃을 세우고 급히 발걸음을 옮기고 있었는데요, 동시에 일어나는 이 두 상황을 묘사하기 위해 with + 목적어(A) + 목적보어(B) (A가 B한 채) 구문이 쓰였답니다. 그럼 경찰관과 밥의 대화로 이 표현을 다시 보실까요?

Policeman

You said you made lots of money out West.

서부에서 돈을 많이 벌었다고 하셨죠.

Bob

That's right! I've come here to meet Jimmy Wells, with my bag filled with money.

맞습니다! 가방에 돈을 가득 채우고 지미 웰즈를 만나기 위해 여기 왔습니다.

There would be no High Society in America
if some wealthy families had not paid to come here!

부자들이 여기에 오기 위해 돈을 치르지 않았다면 미국에 상류사회란 없을 것이야!

★　★　★

〈재물의 신과 사랑의 사수〉에서 돈으로 해결되지 못할 문제는 없다는 아버지의 말에 아들은 아무리 돈이 많더라도 상류 사회에 낄 수는 없다고 반박합니다. 그러자 아버지는 미국의 상류 사회도 결국은 돈에서 출발했음을 일깨워주려고 위와 같은 말을 하는데요, 여기서 주목해야 할 점은 '그때 …했더라면, 지금쯤 ~할 텐데'라는 의미를 전하기 위해 if절에 가정법 과거완료를 쓰고 주절에는 가정법 과거를 쓰는 혼합 가정법이 쓰이고 있다는 것이랍니다.

Ellen

Congratulations, Richard! Now you can marry the woman you love!

축하한다, 리처드! 이제 사랑하는 사람과 결혼할 수 있게 됐구나!

Richard

If you hadn't given the ring to me, I wouldn't be marrying her.

고모가 저에게 그 반지를 주지 않으셨더라면, 전 그녀와 결혼하지 못하겠죠.

01 끝발음은 생략해도 무죄!

-nt와 -nd의 끝자음 발음은 생략하세요~

보통 [앤ㄷ]로 알고 있는 접속사 and는 흔히 [앤]으로 발음되는데요, 왜일까요? 이는 -nt와 -nd로 끝나는 단어들은 빨리 발음할 때 끝발음 [ㅌ]나 [ㄷ]를 탈락시켜 발음하기 때문이에요. 그럼 이런 예를 본문 21쪽과 30쪽에서 찾아볼까요?

Then, she began a sketch of an Idaho cowboy wearing a pair of (　①　) riding trousers.

① **elegant** [엘러건ㅌ]보다는 [엘러건]에 가깝게 들렸죠?

Old Mr. Behrman was a painter who lived on the (　②　) floor of their building.

② **ground** 역시 끝발음 [-ㄷ]가 생략되어 [그라운]으로 들렸습니다.

02 변신에 능통한 발음!

[ㅌ] 발음 뒤에 반모음 [j]가 오면 [ㅌ]는 [츄]로 발음해 주세요~

여러분은 don't you를 어떻게 발음하고 있나요? 혹시 [돈트유]라고 발음한다면, Oh, no! 앞으로는 [돈츄]라고 발음하세요. 그 이유는 [ㅌ] 발음 뒤에 반모음 [j]가 오면 [ㅌ]는 우리말의 [츄]와 비슷하게 발음되기 때문이랍니다. 그럼 본문 26쪽과 36쪽에서 이런 현상을 확인해 봐요.

"Besides, I don't (　①　) to keep looking at those silly ivy leaves."

① **want you** [원트유]가 아니라 [원츄]로 발음하고 있어요.

"Think of me, if you won't think of yourself. What would I do (　②　)?"

② **without you** [위다우트유]이 아니라 자연스럽게 [위다우츄]로 발음해 보세요.

03 아는 발음은 빼!

조동사의 첫 자음 [h]는 약화되어 발음돼요.

영어에서는 이미 알고 있어 굳이 강조할 필요가 없거나 의미상 큰 역할을 하지 않는 조동사는 첫 자음을 약화시켜 발음하는 경우가 많이 있어요. have〔has, had〕+ p.p. 구문에 쓰인 have, has, had의 첫 자음 [h]가 여기에 해당한답니다. 그럼 이를 본문 52쪽과 59쪽에서 확인해 볼까요?

She (①) been saving every spare penny for months, and that was all she had.

① **had** 어때요? [h] 발음이 거의 들리지 않죠?

It must (②) been made for Jim and no one else.

② **have** 굳이 힘주어 발음할 필요가 없는 조동사 have의 [h]가 약하게 발음되었어요.

04 중간 자음은 빠져주세요~

자음 사이에 오는 [ㄷ]와 [ㅌ]는 생략하고 끊듯이 발음하세요.

자음 사이에 위치한 -d-와 -t-의 발음은 종종 생략되는 경우가 있어요. 이는 단어 중간에 [ㄷ]나 [ㅌ]와 같은 무성음이 오게 되면 발음이 딱딱해지므로 발음을 부드럽게 하기 위해 이를 생략하고 약간 끊듯이 발음하기 때문이지요. 그럼 이런 예를 본문 86쪽과 98쪽에서 찾아봐요.

"Yes, I'm okay! I'm working for one of the city (①)."

① **departments** [디파트먼츠]가 아니라 [디팟먼츠]로 들렸나요? t를 생략하고 끊듯이 발음해 주세요.

His face was grim, but he looked (②) at his son.

② **kindly** [카인들리]가 아니라 부드럽게 [카인리]라고 발음했어요.

마지막 잎새

1장 | 예술촌 사람들

p.14~15 워싱턴 광장 서쪽에는 '그리니치 빌리지'라고 불리는 작은 구역이 있다. 이 일대는 도로가 제멋대로 뻗어 좁은 길들로 쪼개어져 있다. 이들은 '플레이스들'로 불린다. 이 '플레이스들'은 특이한 각도와 굴곡을 이루고 있다. 어떤 길을 따라가다 보면 한 바퀴 돌아서 오던 길과 두 번 만나기도 한다!

그리니치 빌리지에는 언제부턴가 예술가들이 하나둘씩 모여들었는데, 집세가 쌌기 때문이다. 그러나 창문이 크고 다락방이 있는 복고풍의 주택 역시 예술가들의 마음을 끌었다. 이 지역에 거주하는 예술가들은 '예술촌 사람들'로 알려지게 되었다.

나지막한 3층짜리 벽돌 건물 맨 위층에는 수와 조애너의 화실이 있었다. 수는 메인 주(州) 출신이었고 조애너는 캘리포니아 주 출신이었다. 두 사람은 한 이탈리아 식당에서 만나 서로 예술과 음식과 옷에 대한 취향이 비슷하다는 것을 알게 되었다. 그래서 둘은 함께 살기로 했다.

p.16~17 두 사람이 만난 건 5월이었다. 그러나 11월이 되자 차갑고도 눈에 보이지 않는 낯선 방문객이 '예술촌'을 방문했다. 의사들은 이 방문객을 '폐렴'이라고 불렀다. 이 불청객은 차가운 병든 마수로 조애너를 포함한 수많은 예술가들을 건드렸다.

가여운 조애너는 페인트칠이 된 철제 침대에 꼼짝없이 누워 있었다. 그녀는 창문을 통해 이웃 벽돌집의 벽을 바라볼 수 있을 뿐이었다.

어느 날 아침 폐렴 환자로 바빠진 의사가 조애너를 진찰하고 체온을 재었다. 그런 다음 복도로 나가서 수와 이야기를 나누었다.

p.18~19 의사는 짙은 반백의 눈썹을 치켜올리며 "친구 분이 살아날 수 있는 가능성은 열에 하나 정도입니다."라고 말했다.

그리고 나서 그는 체온계를 흔들더니 말을 이었다. "하지만 살겠다는 의지를 가져야 합니다. 친구 분은 병에서 회복될 수 없을 거라고 단정짓고 있는 것 같습니다. 친구 분이 특별히 생각하고 있는 게 없나요?"

"언젠가 나폴리 만(灣)을 그리고 싶어했어요." 수가 말했다.

"그림이라구요? 어이가 없군! 친구 분 인생에 좀 더 중요한 게 없나요? 예를 들면 남자라든가?"

"남자라구요?" 수가 약간 화난 목소리로 말했다. "남자가 그럴 만한 가치가…? 아 뇨, 선생님, 남자는 없어요."

"음, 그렇다면 그게 문제군요. 내가 할 수 있는 최선은 다 하지요. 하지만 환자가 일 단 포기를 하면 약효도 절반으로 떨어집니다. 친구 분이 뭔가 이야기를 하도록 해 보 세요. 올 겨울 새로 나온 코트 스타일 같은 거 말입니다. 그러면 회복될 가망성이 10 분의 1이 아니라 5분의 1로 올라갈 거라고 장담합니다." 의사가 말했다.

p.20~21 의사가 떠난 뒤 수는 작업실로 들어가서 울었 다. 사실, 수는 너무 많이 울어 티슈가 조각조각 떨어져 나 갈 정도였다. 그런 다음 즐겁게 휘파람을 불면서 화판을 들고 조애너의 방으로 깡충거리며 뛰어갔다.

조애너는 이불을 덮은 채 아주 조용히 누워 있었다. 얼 굴을 창 쪽으로 하고 있었다. 수는 조애너가 잠들었다고 생각하고 휘파람을 멈추었다. 그런 다음 수는 멋진 승마 바지 를 입고 있는 아이다호 카우보이를 스케치하기 시작했다. 갑자기 나지막한 소리가 몇 번 반복해서 들려왔다.

수는 곧바로 조애너의 침대 곁으로 갔다. 조애너는 눈을 크게 뜨고 있었다. 그녀는 창밖을 바라보면서 천천히 거꾸로 수를 세고 있었다.

"열 둘." 그리고 잠시 후에 "열 하나." 그리고는 "열." "아홉." 그리곤 다시 "여덟." "일곱." 하고 셌다.

p.22~23 수는 창밖을 바라보았다. 조애너는 뭘 세고 있는 걸까? 보이는 것은 6미터 거리에 있는 벽돌집뿐이었다. 거기에는 못생기고 오래 된 담쟁이덩굴이 벽의 절반 높 이 정도까지 뻗어있었다. 가을의 찬바람이 덩굴의 잎을 떨어뜨려 놓았다. 이제, 앙상 한 가지만이 무너져 가는 벽에 달라붙어 있었다.

"뭐니, 얘?" 수가 물었다.

"여섯." 하고 조애너가 속삭이듯 힘없는 목소리로 말했다. "이제 점점 더 빨리 떨어 지고 있어. 사흘 전만 해도 거의 백 개였는데. 그래서 세느라 머리가 아플 지경이었는 데. 그런데 이젠 쉬워졌어. 저것 봐, 또 하나 떨어진다. 이제 다섯 개밖에 안 남았어."

"뭐가 다섯 개란 말이야, 조애너? 말해 봐."

"잎들. 담쟁이덩굴에 달린 잎들 말이야. 마지막 잎이 떨어지면 나도 죽게 될 거라는 걸 알고 있어."

p.24~25 "아, 그런 말도 안 되는 얘긴 들어본 적이 없어!" 수가 투덜거렸다. "담쟁이덩굴 잎과 네가 낫는 것이 무슨 관계가 있니? 너 전에는 저 덩굴을 아주 좋아했잖아, 이 바보 같은 아가씨야. 자, 의사 선생님이 오늘 아침 나에게 뭐라고 하셨더라? 아, 그래, 말씀하시기를 네가 나을 가능성이 열에 아홉이라고 하셨어! 자, 이제 수프 좀 먹어. 그리고 내가 그리던 그림을 마저 그릴 수 있게 해 줘. 이걸 잡지사에 팔아야 해. 그래야 너를 위해 포도주도 사고 내 굶주린 배를 채울 돼지고기도 살 수 있잖아."

"포도주는 더 살 필요 없어." 조애너가 창밖을 바라보며 슬프게 말했다. "그리고 수프는 먹고 싶지 않아. 봐, 저기 또 한 잎 떨어진다. 이제 네 잎밖에 안 남았네. 어두워지기 전에 마지막 잎이 떨어지는 걸 보고 싶어. 그럼 나도 가는 거지."

p.26~27 "조애너, 제발." 수가 조애너 위로 몸을 굽히며 말했다. "내가 그림을 다 그릴 때까지 눈을 감고 창밖을 보지 않겠다고 약속해 줄래? 나 이 그림들 내일까지 넘겨줘야 하거든."

"다른 방에서 그릴 수 없겠니?" 조애너가 냉담하게 말했다.

"그냥 여기 네 옆에 있고 싶어. 게다가, 네가 저 쓸데없는 담쟁이 잎들을 계속 보는 것도 싫어." 수가 말했다.

"그림 다 그리는 대로 말해 줘." 조애너가 말했다.

조애너가 눈을 감자 낯빛은 창백했다. 그녀는 쓰러진 동상처럼 꼼짝도 하지 않고 누워 있었다.

"난 마지막 잎이 떨어지는 것을 보고 싶으니까. 이제 기다리는 것도 지쳤어. 생각하는 것도 지쳤어. 모든 일에 대한 집착을 놓아 버리고 저 가여운 고달픈 잎들처럼 아래로, 아래로 떨어져 내려가고 싶어." 조애너가 속삭이듯 말했다.

"잠을 청해 봐. 버먼 할아버지를 불러야겠어. 광부 노인의 모델이 되어 달라고 해야겠어. 나 금방 갔다 올게. 올 때까지 움직이지 말고 있어, 조애너." 수가 말했다.

`p.30~31` 버먼 노인은 수와 조애너가 사는 건물의 1층에 사는 늙은 화가였다. 나이는 예순이 넘었고 길고 곱슬곱슬한 턱수염을 길렀다. 버먼은 예술가로서 실패한 사람이었다. 그는 사십 년 동안 그림을 그렸고, 항상 걸작을 곧 그릴 것처럼 얘기했지만 시작한 적이 없었다! 지난 몇 년 동안은 광고에 쓸 그림만 조금 그린 게 다였다. 그는 예술촌에서 전문 모델을 구할 경제적 여유가 없는 젊은 화가들의 모델이 되어 주고 돈을 조금씩 받았다. 그는 술을 많이 마셨고 머지않아 걸작을 완성할 것이라고 여전히 떠들었다. 주위 사람들은 그를 사납고 고집센 노인으로 생각했다. 그러나 그는 자신을 수와 조애너의 보호자로 자처했다.

수가 버먼 노인을 찾았을 때 그에게는 술 냄새가 강하게 풍기고 있었다. 어둠침침한 골방 한쪽 구석에는 빈 캔버스가 이젤 위에 놓여 있었다. 그것은 그의 걸작에 쓸 것이었다. 그러나 그 캔버스는 25년 동안 먼지를 모으며 거기서 기다리고 있었던 것이다!

`p.32~33` 수는 버먼 노인에게 조애너의 담쟁이 잎에 대한 믿음에 대해 얘기했다. 또 조애너가 정말 그 잎처럼 세상을 떠나갈까봐 두렵다고 얘기했다.

버먼 노인의 눈은 충혈되었고, 눈물이 뺨을 타고 흘러내렸다.

"뭐라구!" 버먼이 고함을 질렀다. "해묵은 덩굴에서 잎이 떨어진다고 해서 저도 죽을 거라고 생각하는 바보가 이 세상에 어디 있단 말이야? 지금까지 그런 얘기는 들어본 적이 없어. 싫어, 난 아가씨가 늙은 광부를 그리는 데 모델이 되어 줄 수 없어. 어떻게 조애너가 그런 바보 같은 생각을 하도록 내버려 둔 거지? 오, 가엾은 조애너."

"조애너는 많이 아프고 약해져 있어요. 그리고 열 때문에 이상한 생각만 하게 되었나 봐요. 버먼 씨, 제 모델이 되어 주기 싫으시다면 관두세요. 하지만 할아버지는 지독하고 생각없는 사람이세요!" 수가 말했다.

"하여튼 여자들이란!" 버먼이 소리를 질렀다. "내가 언제 모델이 안 되겠다고 했나? 모델 하려고 반 시간 전부터 준비했어. 하느님! 여기는 조애너 같은 착한 아가씨가 병들어 누워 있을 자리가 못 된다고! 머잖아 내가 걸작을 그릴 테니까, 그러면 함께 이 동네를 뜨자구. 하느님도 무심하시지!"

p.34~35 조애너와 버먼 노인이 위층으로 올라갔을 때 조애너는 자고 있었다. 수는 빛을 차단하기 위해 차양을 내리고 버먼 노인을 다른 방으로 데리고 갔다.

두 사람은 창밖의 담쟁이덩굴을 걱정스러운 눈으로 바라보았다. 진눈깨비가 내리고 있었다. 두 사람은 잠시 말없이 서로를 바라보았다. 이후 버먼은 낡은 푸른 셔츠를 입고는 광부 노인의 포즈를 취해 주었고, 수는 재빨리 그를 그렸다.

다음날 아침, 수가 일어났을 때 조애너는 멍한 눈을 크게 뜨고 내려져 있는 차양을 보고 있었다.

"차양을 올려 줘, 수, 잎을 보고 싶어." 조애너가 속삭이듯 말했다.

수는 마지못해 조애너가 하라는 대로 했다.

p.36~37 하지만 놀라운 광경이 그들을 기다리고 있었다. 밤새 비가 억수같이 내리고 바람이 세차게 몰아쳤는데도, 벽에는 담쟁이 잎이 한 장 남아 있었다! 그 잎은 줄기쪽은 짙은 녹색이었지만 끝 부분은 옅은 노란 빛이었다. 그 단 하나의 잎은 땅에서 6미터 높이에 있는 가지에 당당하게 매달려 있었다.

"마지막 잎이야." 조애너가 말했다. "바람 소리를 들었거든. 그래서 밤에 분명히 떨어질 거라고 생각했어. 오늘은 떨어질 거야. 그리고 잎이 떨어지면 나도 같이 죽는 거야."

"사랑하는 조애너!" 수가 지친 얼굴을 베개에 얹으며 말했다. "네 자신을 생각하지 않을 거라면 내 생각이라도 좀 해 줘. 네가 없으면 나는 어떻게 하니?"

그러나 조애너는 대답하지 않았다. 세상에서 가장 외로운 시간은 한 영혼이 이 세상과 하직할 신비로운 여행을 준비하는 때이다. 이제, 조애너를 친구와 이 지상에 묶어주던 끈이 풀리고 있었다.

p.38~39 어느덧 하루가 다 갔다. 땅거미가 드리워졌지만 벽에 기댄 담쟁이 줄기에 잎 하나가 외롭게 붙어 있는 것이 보였다. 밤이 되면서 북풍이 사납게 휘몰아치고 빗줄기가 창문을 거세게 때리기 시작했다.

이튿날 다시 날이 밝았다. 조애너가 수에게 차양을 올려 달라고 부탁했다.

담쟁이 잎은 아직 떨어지지 않고 있었다!

조애너는 누운 채 한참 동안 그 잎을 바라보았다. 그러더니 가스 불 위에 얹은 치킨 수프를 젓고 있는 수를 불렀다.

"내가 못되게 굴었어, 수. 내가 얼마나 나쁜 애였는지를 보여주려고 보이지 않는 힘

이 마지막 잎을 저기에 남아 있게 한 거야. 죽기를 원하는 건 죄악이야. 이제 수프를 좀 가져다 줘. 그리고 포도주를 넣은 우유도. 아냐, 먼저 손거울을 좀 가져다 줘. 그리고 베개 몇 개로 나를 좀 받쳐 줘. 일어나 앉아서 네가 요리하는 모습을 볼래." 조애너가 말했다.

한 시간 뒤 조애너가 말했다. "수, 언젠가 나폴리 만을 그리고 싶어."

p.40~41 그날 오후 의사가 왔다. 의사가 나갈 때, 수는 그를 따라 복도로 나갔다.

"이제 가능성은 반반입니다." 의사가 떨고 있는 가녀린 수의 손을 잡으면서 말했다. "잘 간호해 주면 아가씨의 승리가 되겠소. 이제 나는 아래층에 있는 다른 환자를 돌봐야겠습니다. 버먼이라는 분입니다. 화가인 것 같더군요. 그 분도 폐렴에 걸렸습니다. 연세가 들어 몸도 아주 아주 약해요. 가망은 없지만 오늘 병원으로 옮기면 좀더 편안하실 겁니다."

다음날 의사가 수에게 말했다. "아가씨가 이겼군요. 친구 분은 위험에서 벗어났어요. 친구 분에게 음식을 잘 해 주고 잘 간호하세요. 이제 친구분에게 필요한 건 그것뿐이에요."

p.42~43 그날 오후 조애너는 누워서 청색 목도리를 즐겁게 뜨고 있었다. 수는 조애너 곁에 앉고는 한쪽 팔로 그녀의 어깨를 안았다.

"네게 말해 줄 게 하나 있어." 수가 말했다. "버먼 할아버지가 오늘 병원에서 폐렴으로 돌아가셨어. 겨우 이틀 앓았는데 말이야. 경비아저씨가 첫날 아침 아래층 방에서 할아버지를 발견한 거야. 힘도 없는 데다 아주 고통스러워 하셨대. 옷과 신발은 흠뻑 젖은 데다 몸은 얼음처럼 차가웠고. 할아버지가 비바람이 치는 그런 날에 도대체 어디에 갔다 오셨는지 누가 알았겠니. 나중에 전등과 옆집 벽돌 벽에 세워진 사다리가 발견된 거야. 그 옆에는 붓과 초록, 노랑 물감이 있는 팔레트가 있었고. 조애너, 창밖을 봐. 벽에 붙은 마지막 담쟁이 잎을 봐. 왜 저 잎이 바람이 부는데도 조금도 흔들리지 않고 움직이지도 않았는지 이상하지 않았니? 저건 버먼 할아버지가 그린 걸작이야! 마지막 잎이 떨어지던 그날 밤 버먼 할아버지가 저 잎을 그린 거야."

우리 글로 다시 읽기
현자의 선물

p.50~51 1달러 87센트! 그게 전부였다. 그 중 60센트는 1센트짜리 동전들이었다. 동전들은 델라가 야채가게나 정육점에서 주인과 어렵게 값을 흥정해서 한 푼 두 푼 깎아 모은 것이었다.

델라는 동전을 세 번 세어 보았다. 셀 때마다 1달러 87센트였다. 그리고 내일은 크리스마스다!

낡고 작은 소파 위에 드러누워 우는 것 외에는 할 일이 없었다. 그래서 델라는 울어 버렸다. 인생이란 조금 흐느껴 울 일과 콧물까지 훌쩍거리며 울 일과 웃는 일로 이뤄져 있는 것 같은데, 그 중 훌쩍거리며 울 일이 대부분인 것 같다!

델라는 뉴욕 시에 살았다. 가구가 딸려 있는 아파트에 일주일에 8달러를 집세로 냈다. 집세가 쌀 뿐더러 집 자체도 싸게 보였다.

아래층에 있는 아파트 입구에는 우편함이 있었다. 우편함에는 '제임스 딜링험 영'이라고 적힌 명패가 붙어 있었다.

그는 옛날에 주당 30달러를 벌었다. 그러나 지금은 수입이 주당 겨우 20달러였다. 그래서 그는 거창해 보이는 '딜링험'을 분수에 맞게 'D'로 줄일까 생각하고 있었다. 그러나 제임스 딜링험 영이 퇴근해서 아파트에 도착할 때면, 그의 사랑스러운 아내 델라가 그를 '짐'이라고 부르면서 한껏 포옹해 주곤 했다. 이것은 아주 기분 좋은 일이었다.

p.52~53 델라는 울음을 그치고 양 뺨을 티슈로 두드려 말렸다. 그녀는 창가에 서서 조용히 밖을 내다보았다. 잿빛 고양이가 잿빛 뒤뜰에 있는 잿빛 담장 위를 걷고 있었다. 내일은 크리스마스인데, 델라에게는 짐의 선물을 살 돈으로 고작 1달러 87센트가 있었다.

델라는 몇 달 동안 모을 수 있는 동전은 다 모아 왔는데 그게 전부 다였다. 주당 20달러는 넉넉지 않았다. 생활비는 델라가 예상했던 것보다 많았다. 항상 그랬다. 짐의 선물을 살 수 있는 돈은 고작 1달러 87센트. 그녀가 사랑하는 짐에게 말이다.

그녀는 짐에게 어떤 멋진 선물을 할까 하고 몇 시간 동안 고민했다. 멋지고, 쉽게 구하기 힘들고, 짐이

소유하기에 충분히 좋은 선물.

p.54~55 방의 창문과 창문 사이에는 커다란 장식 거울이 있었다. 갑자기 델라는 창문에서 몸을 돌려 거울 앞에 섰다. 거울에 비친 날씬한 자기 모습을 보았다. 그녀의 눈빛은 빛나고 있었지만 얼굴에는 혈색이 없었다. 그녀는 재빨리 머리핀을 풀고 머리카락을 길이대로 늘어뜨렸다.

제임스 딜링햄 영 부부에게는 자랑스럽게 여기는 두 가지가 있었다. 하나는 짐의 아버지와 할아버지가 쓰다가 지금은 짐이 물려받아 쓰고 있는 금시계였다. 다른 하나는 델라의 윤기가 넘치는 갈색의 아름다운 머리칼이었다. 델라의 머리칼은 무릎 아래까지 내려왔다. 그래서 마치 머리와 어깨에 걸쳐진 망토처럼 보였다.

델라는 신경질적으로 얼른 머리칼을 올려 핀으로 고정시켰다. 그녀는 동작을 잠시 멈추었다. 눈물이 얼굴을 타고 해진 붉은 카펫 위로 떨어졌다.

p.56~57 그런 다음 델라는 오래 된 갈색 재킷을 걸치고 역시 오래 된 갈색 모자를 썼다. 계단을 재빨리 내려가 거리로 나갔다.

델라는 '소프로니 부인의 가발 전문점'이라고 쓰인 간판 앞에 멈춰 섰다.

델라는 계단을 뛰어올라가 층계참에 서서 가쁜 숨을 몰아쉬었다. 몸집이 크고 피부는 희었으며 냉정해 보이는 소프로니 부인이 나와서 그녀를 맞았다.

"제 머리를 사시겠어요?" 델라가 물었다.

"머리라면 사지요. 모자를 벗고 머리를 한번 봅시다."

델라의 아름다운 긴 갈색 머리칼이 폭포처럼 흘러내렸다.

부인은 머리채를 손으로 들어 올리며 말했다. "20달러를 드리지요."

"어서 주세요." 델라가 말했다.

p.58~59 델라가 짐에게 줄 선물을 찾아 가게를 뒤지고 다니는 동안 두 시간이 금방 지나갔다.

마침내 그녀는 선물을 찾았다. 다른 가게에는 그 비슷한 것은 없었다. 그것은 세상에 다른 누구도 아닌 바로 짐을 위해 만들어진 물건이 틀림없었다. 단순하면서도 고풍스러운 디자인의 백금 시계 줄이었다. 고요함과 품격. 짐과 시계 줄 모두에게 어울리는 문구였다.

델라는 시계 줄 가격으로 21달러를 지불하고, 남은 87센트를 가지고 서둘러 집으로 돌아왔다. 짐은 시계를 자랑스러워했지만, 줄이 낡은 가죽으로 되어 있었다. 그래서 짐은 부자들과 함께 있을 때는 그 시계를 꺼내지 않았다. 그러나 저 시계 줄을 시계에 달면 아무 때나 시계를 볼 수 있을 것이다.

p.60~61 델라가 집에 도착하자, 흥분은 걱정으로 바뀌었다. 그녀는 자신의 짧아진 머리를 보고 짐이 어떻게 생각할지 걱정이 되었다. 그래서 그녀는 고대기를 꺼내서 그녀의 짐을 위해 희생한 머리를 손질했다.

40분 뒤, 그녀의 머리는 곱슬곱슬한 머리칼로 덮였다. 델라의 머리는 그녀를 어린 여학생처럼 보이게 했다. 그녀는 거울에 비친 자신의 모습을 한참 동안 바라보았다.

"짐이 나를 죽이진 않더라도 코러스 걸 같다고 할 거야. 하지만 1달러 87센트 가지고 뭘 할 수 있었겠어?" 그녀는 혼자 중얼거렸다.

7시가 되자 커피가 준비되고, 후라이 팬이 불 위에 올려졌다. 팬은 뜨거워져서 언제라도 포크찹을 요리할 수 있게 되었다. 델라는 시계 줄을 한 손에 쥐고 현관 문 근처에 앉았다. 짐은 한 번도 집에 늦게 들어온 적이 없었다. 곧 짐이 계단을 올라오는 소리가 들렸다.

델라의 얼굴은 하얗게 변했고 작은 목소리로 중얼거렸다. "하느님, 제발 짐이 여전히 저를 예쁘다고 생각하게 해주세요."

문이 열리고 짐이 아파트 안으로 들어섰다. 짐은 여위고 지쳐 보였다. 가엾은 짐. 그는 이제 겨우 스물두 살인데 아내를 먹여 살려야 할 처지였다. 짐은 새 외투가 필요했고 장갑도 없었다.

p.62~63 갑자기 짐은 꼼짝 않고 서더니 델라를 바라보았다. 짐의 표정은 화가 난 것도, 공포에 질린 것도, 놀란 것도 아니었지만, 델라는 이 때문에 겁이 났다. 그는 얼굴에 기묘한 표정을 띤 채 그녀를 응시할 뿐이었다. 델라는 벌떡 일어나 짐에게 다가갔다.

"여보, 짐." 델라는 울음을 터뜨리고 말았다. "그렇게 쳐다보지 말아요. 당신에게 근사한 크리스마스 선물을 사주려고 머리를 팔았어요. 이렇게 할 수밖에 없었어요. 그리고 머리는 다시 자라잖아요. 내 머리는 빨리 자라잖아요. 괜찮죠, 네? '메리 크리스마스'라고 말해 주세요. 짐. 그리고 우리 크리스마스를 즐겁게 보내요. 내가 얼마나 근사하고 아름다운 선물을 사 왔는지 당신은 모를 거예요."

"머리를 잘랐다구?" 짐은 도저히 믿기지 않는다는 듯 물었다.

"머리를 잘라서 팔았다니까요. 이런 나를 사랑하지 않는 건 아니죠? 머리가 없어도 나는 나니까요." 델라가 말했다.

짐은 호기심에 찬 눈으로 방을 한번 둘러보았다.

"머리가 없어졌다고 했소?" 짐이 어린 아이처럼 물었다.

"네, 팔아서 지금은 없어요. 크리스마스 이브예요, 짐. 제발 화내지 말아요, 당신을 위해서 머리를 판 거라니까요."

그런 다음 그녀는 한숨을 쉬고 말했다. "내 머리카락 수는 셀 수 있을지 몰라도, 당신에 대한 제 사랑은 그 누구도 셀 수 없어요. 이제 포크찹을 올려놓을까요, 짐?"

짐은 델라의 어깨에 양팔을 두르더니 꼭 껴안았다. 그는 외투 주머니에서 포장된 꾸러미를 꺼내서 탁자 위에 올려놓았다.

p.64~65 "오해는 하지 말아요, 델라." 짐이 말했다. "머리를 자르든 뭘 하든 내가 당신을 덜 사랑하게 할 수 있는 것은 아무 것도 없어. 하지만 당신이 저 꾸러미를 풀어 보면 내가 왜 처음에 어리둥절해했는지 알게 될 거요."

델라는 포장을 풀었다가 그것을 탁자 위에 떨어뜨렸다. 처음에 그녀는 기뻐서 소리를 질렀다. 그리고 이내 울음을 터뜨렸고 신경질적으로 흐느꼈다. 짐은 델라를 품에 안고서 달랬다.

탁자 위에는 아름다운 머리 빗 세트가 있었기 때문이다. 없어져버린 델라의 머리에 완벽하게 어울리는 색깔의 빗들이었다. 거북의 별갑으로 만들어진 빗들로, 가장자리에는 보석이 박혀 있었다. 델라는 큰 상점 진열창에서 그 빗들을 보고는 오랫동안 동경해 왔다.

p.66~67 그러나 그녀는 자신들이 그것들을 살 금전적 여유가 없다는 것을 줄곧 알고 있었다. 그런데 아름다운 긴 머리가 없어진 지금, 그 빗들이 자기 것이 된 것이다! 델라는 그 빗들을 가슴에 꼭 안고는 슬픈 눈으로 짐을 쳐다보았다.

그녀는 희미한 미소를 지으며 짐에게 말했다. "내 머리는 아주 빨리 자라요, 짐!"

갑자기 델라는 짐에게 주려고 산 아름다운 선물을 기억해냈다. 포장은 하지 않았지만, 조바심을 내며 선물을 짐에게 건넸다. 귀금속은 델라의 밝고 뜨거운 영혼을 반영하듯 빛나고 있었다.

"멋지지 않아요, 짐? 이걸 사려고 온 시내를 돌아다녔어요. 이제 하루에 백 번이라도 시계를 보면서 시간을 확인할 수 있어요. 당신 시계를 주세요. 이 줄이 그 시계에 얼마나 잘 어울리는지 보고 싶어요."

p.68~69　그러나 짐은 소파에 털썩 주저앉아 두 손을 머리 뒤로 했다.

그러더니 웃으며 말했다. "델라, 우리 크리스마스 선물은 당분간 치워 둡시다. 너무 귀한 선물들이라서 지금은 못 쓸 것 같소. 사실은 당신 머리빗들을 사려고 시계를 팔았거든. 자, 우리 포크찹이나 올려놓읍시다."

동방의 현인들은 구유에 누워 있는 아기 예수에게 선물을 가져다 준 현명한 사람들이었다. 그들로 인해 크리스마스에 선물을 주는 풍습이 생겼다. 동방박사는 현자들이었으므로 그들의 선물도 지혜가 담긴 배려 깊은 것이었을 것이다.

지금까지의 이야기는 어리석은 아이들의 이야기인가? 이들의 행동은 정말 어리석었나? 아니다!

델라와 짐은 서로에게 기쁨을 주기 위해 자신들의 제일 소중한 보물을 희생했다. 그들이야말로 현인들처럼 현명하고 이타적인 사랑을 보여주었다.

우리 글로 다시 읽기
이십 년 후

p.74~75　한 경찰관이 거리를 걸어 올라오고 있었다. 밤 10시가 가까운 시각. 쌀쌀한 바람 때문에 거리에는 인적이 드물었다.

경찰관은 건물의 문들이 잠겨있는지 확인하고 경찰봉을 흔들면서 걸어갔다. 그는 가끔 가다 멈춰 서서 위아래로 유심히 살펴보았다. 건장한 체구의 그 경찰관은 평화의 수호자로서 손색이 없어 보였다.

경찰관이 순찰하는 지역은 일찍 문을 닫았다. 담배 가게 한 군데와 몇몇 레스토랑들만이 열려 있었다. 대부분 상점가여서 문들은 몇 시간 전에 닫혔다.

거리를 반쯤 따라 내려왔을 때 경찰관은 걸음을 늦추었다. 불이 꺼진 철물 가게 입구에 한 남자가 서 있었다. 그 남자는 불을 붙이지 않은 시가를 입에 문 채 문에 기대어 서 있었다.

p.76~77 경찰관이 다가가자 그 남자는 얼른 말을 걸었다.

"괜찮아요, 경관님. 전 그냥 친구를 기다리는 중입니다. 20년 전에 한 약속이지요. 좀 이상하게 들리죠, 네? 음, 자초지종을 말씀드릴게요. 20년 전 바로 이곳에 레스토랑이 있었죠. '빅 조' 브레이디 레스토랑이라고 했지요."

"그 곳은 5년 전에 헐려 버렸소." 경찰관이 말했다.

문 앞의 그 남자는 성냥을 그어 시가에 불을 붙였다. 성냥불에서 경찰관은 남자의 창백한 얼굴과 각진 턱과 매서운 눈빛을 보았다. 또한 남자의 오른쪽 눈썹 근처에 있는 작고 하얀 흉터와 넥타이핀에 박힌 커다란 다이아몬드를 보았다.

남자가 말했다. "20년 전 오늘 밤 이곳 '빅 조' 브레이디 레스토랑에서 저는 가장 친한 친구인 지미 웰즈와 함께 식사를 했습니다. 이 세상에서 가장 좋은 놈이었죠. 우리는 이곳 뉴욕에서 마치 형제처럼 함께 자랐죠. 저는 열여덟이고, 지미는 스물이었습니다."

p.78~79 남자가 말을 이었다. "다음 날 아침, 저는 돈을 벌러 서부로 갈 계획이었습니다. 그런데 지미를 뉴욕 밖으로 끌어낼 수는 없었습니다. 그는 세상에는 뉴욕밖에 없는 줄 아는 친구였습니다. 그래서 그날 저녁 우리는 그날, 그 시간부터 정확히 20년 후, 여기서 다시 만나자고 약속을 했습니다. 우리의 처지가 어떻든, 얼마나 먼 곳에 있든 간에 그건 문제가 되지 않았습니다. 하지만 20년 후면 우리 둘은 성공했을 거라고 생각했던 거죠."

"아주 재미있는 얘기군요." 경찰관이 말했다. "그렇지만 두 분이 너무 오랜 세월 동안 안 만나신 것 같군요. 서부로 가신 뒤 친구 분에게서 편지가 있었습니까?"

"우린 한동안 편지를 서로 주고받았습니다. 그러나 한 해 두 해가 지나면서 연락이 끊겼습니다. 아시다시피 서부는 넓은 곳인 데다, 제가 계속 옮겨 다녔거든요. 하지만 지미가 살아있다면 이곳으로 저를 만나러 올 겁니다. 그는 항상 이 세상에서 둘도 없이 정직하고 의리 있는 친구였습니다. 그는 절대로 약속을 잊지 않을 겁니다. 저는 오늘 여기서 친구를 만나기 위해 천 마일을 달려왔습니다. 지미가 나타난다면, 그만한 보람은 있겠지요."

기다리고 있는 남자는 금으로 만든 멋진 회중 시계를 꺼냈다. 시계의 뚜껑에는 작은 다이아몬드들이 박혀 있었다.

"10시 3분 전이군요. 20년 전 레스토랑 문 앞에서 헤어진 시각은 정확히 10시였습니다." 남자가 말했다.

"그러면 서부에서 돈을 많이 버신 모양이지요?" 경찰관이 물었다.

"물론이죠! 지미가 제 반만이라도 성공했으면 하는 바람입니다. 그는 훌륭한 친구였지만, 늘 조심성이 많고 행동이 느렸지요. 저는 돈을 버느라 서부에서 약은 경쟁자들과 경쟁해야 했습니다. 뉴욕에 있으면 사람이 무뎌지고 단조로워지지요. 그러나 서부는 사람을 곧 면도날처럼 날카롭게 만들지요!"

경찰관은 경찰봉을 흔들더니 다시 걷기 시작했다.

"행운을 빕니다, 선생님. 친구 분이 곧 나타나시길 빕니다. 한참 기다릴 생각이십니까?"

"적어도 반 시간 정도는 기다려 봐야죠. 지미가 이 세상에 살아있다면 여기서 절 만날 겁니다. 안녕히 가세요, 경관님."

"그럼 이만."

그런 다음 경찰관은 상점의 문을 단속하면서 계속 길을 걸어내려 갔다.

차가운 이슬비가 계속해서 내리고 있었고, 바람은 줄기차게 불기 시작했다. 몇 명 안 되는 행인들이 코트 깃을 세우고, 주머니에 손을 넣은 채 말없이 발걸음을 재촉했다. 철물 가게 앞에는 천 마일을 달려온 그 남자가 시가를 피우면서 친구를 기다리고 있었다.

20분 정도 지나자, 긴 코트를 입은 남자가 길 건너편에서 급히 왔다. 그는 곧장 기다리는 남자에게로 다가갔다.

"자네, 밥인가?" 남자가 미심쩍은 듯이 물었다.

"지미 웰즈 자넨가?" 문 앞에 선 남자가 소리쳤다.

"이런!" 키 큰 남자는 기다리던 남자의 두 손을 잡으며 말했다. "자네 밥이 맞군. 자네가 살아있으면 여기서 만날 줄 알았지. 야, 이거, 이거! 20년이면 긴 세월이야. 그 레스토랑이 사라지다니 안됐어. 그 레스토랑에서 다시 식사를 같이 했더라면 좋았을 텐데. 하지만 밥, 그래 서부에서 성공했겠지?"

"그럼! 원하는 대로 일이 잘 풀렸네. 지미, 자네는 많이 변했군. 자네 키가 이렇게 큰 줄은 몰랐는데."

p.86~87 "아, 스무 살이 된 후에도 몇 인치 더 크더군." 키 큰 남자는 재빨리 말했다.

"뉴욕에선 잘 하고 있나, 지미?"

"그럼, 잘 지내지. 시청의 한 부서에서 근무하고 있지. 자, 밥, 내가 아는 곳으로 가자고. 가서 옛날 얘기나 실컷 나누세."

두 친구는 팔을 끼고 거리를 걷기 시작했다. 서부에서 온 친구는 성공담을 늘어놓기 시작했다. 코트에 푹 싸인 친구는 관심 있게 그의 얘기를 들었다.

두 남자는 불이 환하게 켜진 길 모퉁이 카페에 들어섰다. 두 친구는 서로 얼굴을 보기 위해 몸을 돌렸다.

갑자기, 서부에서 온 남자가 걸음을 멈추고 팔을 뺐다.

"당신은 지미 웰즈가 아니군." 그가 쏘아 붙였다. "20년이 긴 세월이긴 하지만 사람의 코 모양을 바꿔 놓을 만큼 긴 세월은 아니지!"

p.88~89 키 큰 남자가 말했다. "하지만 그 세월이 때로는 선인을 악인으로 바꾸는 경우가 있더군요. '멋쟁이' 밥, 당신은 10분 전부터 체포되었어. 시카고 경찰청은 당신이 이쪽으로 올 거라고 생각하고, 당신에게 볼 일이 있다는 메시지를 우리에게 보내 왔어. 얌전히 따라갈 정도의 분별은 있겠지? 아, 그런데 경찰서로 가기 전에, 당신에게 주라고 부탁 받은 메모가 있어. 웰즈 경관이 준 거야."

서부에서 온 그 남자는 메모지를 받았다. 처음에 가만히 있던 그의 손은 그가 메모를 다 읽고 난 후 약간 떨리고 있었다.

메모는 짤막했다.

> 밥에게: 나는 약속한 시간에 그 곳에 갔었네. 자네가 시가에 불을 붙이려고 성냥을 켠 순간, 자네가 시카고에서 지명 수배된 범인의 얼굴이라는 걸 알았네. 도저히 자네를 내 손으로 체포할 수가 없더군. 그래서 경찰서로 돌아가 사복 경찰에게 부탁한 것이라네.
>
> 지미

1장 | 아들아, 너는 신사란다!

p.96~97 앤서니 락월 노인은 이제 은퇴한 몸이었다. 그
는 락월 유레카 비누 회사 사장으로 큰 재산을 모았다.

어느 날, 그는 뉴욕 5번가의 고급 저택에 있는 자신의
서재에 앉아 있었다. 창을 통해 이웃인 G. 반 슈큘라이
트 서포크-존즈가 대기 중인 차 쪽으로 걸어 나가고 있
는 것을 보았다. 언제나처럼 서포크-존스는 앤서니 집 정
문 옆에 서 있는 커다란 이탈리아 조각상을 보고는 혐오스럽
다는 듯 코를 찡그렸다.

p.98~99 앤소니 노인은 싱긋 미소를 지으며 말했다. "콧대 높은 늙은이 같으니라
구! 내년에는 내 이 집을 빨간색, 흰색, 파란색으로 칠할 거야. 그러면 저 늙은이가 나에
게 더 화가 나겠지!"

앤서니 락월은 종을 울려 하인들을 부르는 것을 좋아하지 않았다. 그래서 일어나서
서재 문 쪽으로 가서 "마이크!"라고 소리쳤다.

그의 목소리는 하도 커서 캔자스 평원의 구름들도 흩어 놓을 것 같다고 누구나 이야
기한다.

마이크가 도착하자 앤서니 노인은 말했다. "내 아들 녀석에게 외출하기 전에 이곳
으로 오라고 말해 주게나."

앤서니 노인은 숱이 많은 백발을 손가락으로 빗어 넘기고, 주머니에 있는 열쇠꾸러
미를 찰랑찰랑 흔들어 댔다. 그러나 아들 리처드 락월이 서재 안으로 들어오자 노인은
신문을 내려놓았다. 그의 얼굴은 근엄했지만, 아들을 바라보는 눈빛은 다정했다.

p.100~101 "리처드, 네가 쓰는 비누를 사는 데 돈을 얼마나 쓰느냐?" 앤서니 락월
이 말했다.

리처드는 그 질문에 놀랐다. 그는 대학 생활을 마치고 집으로 돌아온 지 6개월이 되
었는데, 아버지의 엉뚱한 행동과 불쑥불쑥 던지는 질문에 당황하기 일쑤였다.

"한 다스에 6달러 쓰는 것 같아요, 아버지."

"그리고 옷 사는 데는?"

"아, 60달러 정도인 것 같아요."

"아들아, 너는 신사로구나." 앤서니가 말했다. "비누 한 다스에 24달러를 쓰고, 옷 사는 데 백 달러 넘게 쓰는 젊은 애들이 있다고 들었다. 너는 누구 못지않게 많은 돈을 가지고 있으면서도 분별력과 자제력이 있구나. 자, 나는 아직도 오래된 락왈 비누를 쓰는데 이건 지금까지 만들어진 가장 좋은 비누이기 때문이지. 비누 하나에 10센트 이상을 쓰게 되면 향이 좋지 않은 것이다. 하지만 네 정도의 신분의 젊은이가 50센트를 쓰면 문제없어. 내가 말한 대로 너는 신사야. 사람들은 신사 한 사람을 만드는 데 3대가 걸린다고 하지. 하지만 그건 잘못된 거야! 내 돈 덕에 네가 신사가 된 거란다. 그리고 돈 덕에 나 역시 신사 부류에 낄 수 있었지. 나도 콧대 높은 내 양쪽 이웃들 못지않게 무례하고 퉁명스럽지. 그 사람들은 내가 이곳으로 끼어들었기 때문에 분명 밤잠을 못 잘 거다."

p.102~103 "하지만 돈으로 살 수 없는 것들도 있어요." 리처드가 우울하게 말했다.

"허허, 말도 안 되는 소리. 내가 돈으로 살 수 없는 것을 찾느라 백과사전을 샅샅이 뒤지고 있다. 지금 Y 항목까지 찾아보고 있는데, 돈으로 살 수 없는 건 없어. 그러니 돈으로 살 수 없는 게 있으면 말해 봐라." 앤서니 노인이 말했다.

"좋아요. 돈으로는 상류 사회에 낄 수 없어요." 리처드가 말했다.

"오, 그래!" 노인은 소리쳤다. "부자들이 신대륙으로 오는 뱃삯을 치르지 않았다면 미국에 그 '상류 사회'도 없을 거다!"

리처드는 한숨을 쉬었다.

노인은 말을 이었다. "자, 애야, 요즘 무슨 고민이 있는 것 같더구나. 2주 전부터 눈치채고 있었다. 자, 솔직히 말해 보렴. 필요하다면 24시간 안에 1천 1백만 달러를 네 손에 쥐어줄 수도 있다. 그게 아니라 휴가가 필요한 거라면 내일이라도 너를 바하마 제도에 데려다 줄 요트가 준비되어 있다."

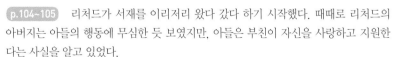

"잘못 짚으신 것도 아니에요, 아버지. 그래요, 문제가 좀 있어요."

"아, 그래. 그 아가씨 이름이 뭐냐?" 앤서니가 말했다.

p.104~105 리처드가 서재를 이리저리 왔다 갔다 하기 시작했다. 때때로 리처드의 아버지는 아들의 행동에 무심한 듯 보였지만, 아들은 부친이 자신을 사랑하고 지원한다는 사실을 알고 있었다.

"왜 그 애에게 청혼하지 않는 거냐?" 앤서니 노인이 따지듯 물었다. "너는 돈도 있

고 얼굴도 잘생겼고 예의도 바른 아이다. 그 애가 달려
들 텐데."

"기회가 없었어요." 리처드가 말했다.

"그냥 그 애를 데리고 공원에도 가고 예배를 보고
오는 길에 집까지 바래다 주면 되지. 기회를 만들면
되고, 그야 쉽지!"

"아버지는 상류 사회가 어떻게 돌아가는지 이해 못하
세요. 그녀는 일정이 일분일초까지 며칠 전부터 미리 짜여져
있다고요. 하지만 전 그 여자와 결혼해야 해요! 그녀가 없다면 이 도시도 아무 의미가
없게 돼요. 그리고 전 편지를 쓸 수가 없어요. 무슨 말을 해야 하는지를 모른다고요!"

"이런, 애야! 그러니까 내가 가진 돈을 몽땅 쓸어 넣더라도 그 애의 한두 시간을 얻
어 내지 못한다는 얘기냐?" 아버지가 말했다.

p.106~107 "너무 늦었어요, 아버지. 그녀는 이틀 후면 배를 타고 유럽으로 가요. 거
기서 2년 동안 머무를 거래요. 그녀는 지금 시 외곽의 친척 아주머니 집에 머무르고
있는데 제가 거기 갈 수는 없어요. 하지만 내일 저녁 8시 30분 기차로 그랜드 센트럴
역에 도착하는 그녀를 마중 나가기로 했어요. 그러면 브로드웨이를 달려서 월락 극장
으로 가면 그녀 가족이 로비에서 우리를 기다리기로 했어요. 그런데 거기는 6, 8분 정
도의 거리밖에 안 돼요. 그렇게 짧은 시간에 그녀가 제 사랑 고백에 귀를 기울여 줄 것
같습니까? 아니에요! 그리고 극장 안에서나 그 후에도 저는 기회를 잡을 수 없어요.
아버지, 이게 아버지 돈으로 해결할 수 없는 한 가지예요. 아무도 돈으로 시간을 살 수
는 없어요. 그럴 수 있다면 부자들은 영원히 살 수 있겠죠. 랜트리 양이 유럽으로 배를
타고 떠나기 전에 제 감정을 털어놓을 수 있는 가망은 없어요." 리처드가 말했다.

"좋다, 리처드." 앤서니 노인은 쾌활하게 말했다. "이제 클럽으로 달려가거라. 하지
만 가끔은 위대한 재물의 신인 매몬에게 향을 피우고 기도를 해야 한다는 사실을 잊지
말거라."

p.108~109 그날 밤 친절하고 다정한 앤서니의 여동생 엘런이 찾아왔다. 엘런은 오
라버니와 리처드의 고민에 대해 얘기하기 시작했다.

"리처드가 다 털어놓았다. 그 애에게 너는 원하는 것은 뭐든 다 가질 수 있는 돈 많
은 젊은 신사라고 얘기해 주었다. 그랬더니 우리 돈이 그 애에게 도움이 안 된다고 하
더구나! '백만장자 여러 명이 한꺼번에 달려들어도 상류 사회 법칙은 한 치도 변함이
없을 겁니다'라고 하더구나!" 앤서니가 말했다.

"참, 오라버니." 엘런이 한숨을 쉬며 말했다. "전 오라버니가 항상 돈 생각만 하지 않았으면 좋겠어요. 진정한 사랑이 문제되는 경우에는 재산은 아무것도 아니에요. 사랑은 전지전능한 거예요. 리처드가 좀 더 일찍 말했더라면 좋았을 텐데! 그렇다면 그 아가씨는 우리 리처드를 거절하지 않았을 텐데 말이죠. 하지만 이제는 너무 늦은 것 같아 걱정이에요. 오라버니가 가진 돈을 전부 쓰더라도 아들을 행복하게 해 줄 수는 없어요."

2장 | 재물의 신이냐 사랑의 신이냐?

`p.112~113`   다음날 저녁 8시, 엘런 고모가 리처드에게 오래 된 금반지 하나를 주었다.

"조카야, 오늘 밤 이걸 끼거라." 그녀가 부탁했다. "네 엄마가 내게 준 거란다. 이걸 끼는 사람에게 반지가 사랑의 행운을 가져다 준다고 하시더구나. 네가 사랑하는 사람을 만나거든 이걸 주라고 부탁하셨다."

리처드는 조심스럽게 반지를 받아서 새끼손가락에 끼워 보았다. 하지만 너무 작았다. 그래서 반지를 빼서 주머니에 넣었다. 그런 다음 전화로 마차를 불렀다.

리처드는 8시 32분에 역에서 랜트리 양을 만났다.

"우리 가족을 기다리게 해서는 안 돼요." 그녀가 말했다.

"월락 극장으로 최대한 빨리 가 주세요!" 리처드가 마부에게 말했다.

마차는 브로드웨이를 향해 42번가를 질주했다. 이어 마차가 34번가로 들어섰다.

갑자기 리처드는 마부에게 마차를 세우라고 했다.

"반지를 떨어뜨렸어요." 리처드가 마차에서 내리면서 말했다. "우리 어머니 건데 잃어버리긴 싫거든요. 오래 걸리진 않을 거예요, 어디에 떨어졌는지 아니까."

1분이 채 안 되어 리처드는 반지를 가지고 마차로 돌아왔다.

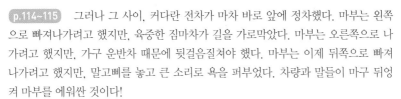

`p.114~115`   그러나 그 사이, 커다란 전차가 마차 바로 앞에 정차했다. 마부는 왼쪽으로 빠져나가려고 했지만, 육중한 짐마차가 길을 가로막았다. 마부는 오른쪽으로 나가려고 했지만, 가구 운반차 때문에 뒷걸음질쳐야 했다. 마부는 이제 뒤쪽으로 빠져나가려고 했지만, 말고삐를 놓고 큰 소리로 욕을 퍼부었다. 차량과 말들이 마구 뒤엉켜 마부를 에워싼 것이다!

"왜 가지 않는 거죠?" 랜트리 양이 초조하게 말했다. "우리 늦겠어요."

리처드는 마차 안에서 일어서서 주위를 둘러보았다. 짐마차, 화물마차, 승합마차,

가구차, 전차 등이 그들 주위를 가득 채우고 있었다. 그리고 점점 더 많은 차들이 계속 서둘러 소음을 내며 몰려들고 있었다. 맨해튼의 모든 차량이 주위로 몰려들고 있는 듯 보였다. 뉴욕에서 가장 오래 산 토박이들도 못 본 최악의 교통 정체였다!

"미안합니다." 리처드가 다시 앉으면서 말했다. "하지만 적어도 한 시간은 꼼짝 못 할 것 같은데요. 제 잘못입니다. 제가 반지만 떨어뜨리지 않았어도 우리는…"

"어쩔 수 없죠! 어차피 연극 구경 같은 건 좋아하지 않아요. 반지 좀 보여주겠어요?" 랜트리 양이 말했다.

p.116~117　그날 밤 11시, 누군가 앤서니 락왈의 문을 가볍게 두드렸다. 앤서니는 빨간 잠옷 가운을 입고서 해적 이야기 책을 읽고 있는 중이었다.

"들어오시오." 앤서니가 외쳤다.

엘런이 문을 열고 안으로 들어왔다. 그녀는 실수로 지상에 남겨진 반백의 천사처럼 보였다.

"오라버니, 그 애들이 약혼했대요." 엘런이 상냥하게 말했다. "랜트리 양이 리처드하고 결혼하기로 약속했대요. 극장으로 가는 길에 교통 체증이 있었나 봐요. 마차가 빠져 나오기까지 2시간이나 걸렸대요."

엘런이 말을 이었다. "그러니까 오라버니, 제발 다시는 돈의 힘에 대해서 자랑하지 마세요. 진정한 사랑의 상징인 작은 반지가 리처드에게 행복을 가져다 준 거예요. 리처드가 반지를 길에다 떨어뜨려서 다시 찾으려고 마차에서 내렸대요. 그런데 다시 마차를 타고 가기 전에 교통 정체가 일어난 거예요. 기다리는 동안, 리처드가 랜트리 양에게 사랑 고백을 했고, 그 애의 마음을 사로잡은 거예요. 자, 보셨죠, 오라버니, 사랑에 비하면 돈은 아무 것도 아니죠!"

"잘 됐군." 앤서니 노인이 말했다. "그 녀석이 원하던 대로 되었다니 기쁘구나. 나는 그 녀석에게 필요한 돈은 얼마든지 가질 수 있다고 했다…"

"하지만 오라버니, 오라버니의 돈이 무슨 도움이 됐죠?"

"엘런, 이 해적이 지금 곤경에 처해 있다. 배가 가라앉고 있어. 내가 이 장을 다 읽도록 해주면 좋겠구나." 앤서니 락왈이 말했다.

p.118~119　이야기는 여기서 끝나야 한다. 그러나 우리는 사건의 진상을 알아내야 한다.

다음날 손이 빨갛고 파란 물방울무늬 넥타이를 한 남자가 앤서니 락왈의 집을 찾아

왔다. 그의 이름은 켈리였고 곧장 서재 안까지 안내되었다.

"자." 앤서니가 수표책으로 손을 뻗으며 말했다. "얼마 주면 되겠나?"

"예상했던 것보다 많이 들었습니다. 짐차와 승합마차는 대부분 대당 5달러에 받아들이더군요. 하지만 화물마차와 전차 운전사와 이륜마차 팀은 대당 10달러를 불렀습니다. 경찰이 제일 세게 부르더군요. 두 녀석에게는 각각 50달러, 나머지 경찰에게는 20달러와 25달러를 주었습니다. 하지만 일은 아주 순조롭게 진행되지 않았습니까, 락왈 씨? 예행 연습도 하지 않았는데 말입니다! 모두가 1초도 어김없이 나타났어요. 2시간이 지나서야 겨우 한 사람 지나갈 틈이 생기더군요." 켈리가 말했다.

p.120~121 "자, 여기 있네, 켈리, 1천 3백 달러." 앤서니가 수표를 한 장 뜯어내며 말했다. "자넨 돈을 경멸하지 않지, 안 그런가, 켈리?"

"저요? 천만예요! 오히려 가난을 발명한 놈을 주먹으로 때려눕히고 싶습니다." 켈리가 말했다.

켈리가 막 떠나려 하자 앤서니가 말했다. "내 아들놈과 여동생은 사랑이 아주 중요하다고 믿지. 그리고 나도 그 점은 동의하네. 그리고 두 사람은 이구동성으로 사랑에 비하면 돈이 아무것도 아니라고 말해. 하지만 나는 그 점엔 동의하지 않네. 돈도 사랑에 있어서 아주 중요한 역할을 할 수 있다고 믿네."

그러더니 앤소니는 덧붙였다. "잘 가게, 켈리."